河南省哲学社会科学规划青年项目（2023CJJ118）
河南省高校重点科研项目（23A790008）
河南省高校人文社会科学研究一般项目（2023-ZZJH-168）

经济管理学术文库·管理类

# 中国生产性服务进口与制造业转型升级研究

Research on China's Producer Services Import and
Manufacturing Transformation and Upgrading

张志醒／著

经济管理出版社
ECONOMY & MANAGEMENT PUBLISHING HOUSE

**图书在版编目（CIP）数据**

中国生产性服务进口与制造业转型升级研究 ／ 张志醒著. -- 北京：经济管理出版社，2024. -- ISBN 978-7-5096-9912-6

Ⅰ. F426.4

中国国家版本馆 CIP 数据核字第 2024CZ7480 号

组稿编辑：张巧梅
责任编辑：杜　菲
责任印制：许　艳
责任校对：王淑卿

出版发行：经济管理出版社
　　　　　（北京市海淀区北蜂窝 8 号中雅大厦 A 座 11 层　100038）
网　　　址：www. E-mp. com. cn
电　　　话：（010）51915602
印　　　刷：北京晨旭印刷厂
经　　　销：新华书店
开　　　本：720mm×1000mm/16
印　　　张：12. 5
字　　　数：178 千字
版　　　次：2024 年 11 月第 1 版　　2024 年 11 月第 1 次印刷
书　　　号：ISBN 978-7-5096-9912-6
定　　　价：88. 00 元

# 前　言

改革开放以来，我国制造业持续快速发展，建成了门类齐全、独立完整的产业体系，有力地推动了我国工业化和现代化进程。随着智能化经济的到来，新一轮的科技革命和产业革命悄然兴起，发达国家纷纷推出以智能、绿色、服务、高端为目标的制造业转型升级计划，以期在新一轮的技术革命中抢占先机。实体经济作为我国经济发展的坚实基础，转变制造业的发展模式对我国现代经济体系的建设具有重要意义。在经济新常态下，我国制造业传统成本优势正逐渐消失，依靠能源要素投入、规模扩张等粗放型的增长方式难以维持制造业可持续发展，迫切需要转变发展模式，实现转型升级。

生产性服务是为保持制造业生产过程连续、促进制造业技术进步和生产效率提高提供保障的服务，把日益专业化的人力资本和知识资本引入制造业，是推动制造业转型升级的主要力量之一。由于我国生产性服务业起步较晚、发展水平不高，在 GDP 方面与发达国家有较大差距，无法满足制造业转型升级对生产性服务的多样化需求。随着全球化进程的加快，我国生产性服务进口规模快速扩张，从发达国家进口发展成熟、专业化程度高的生产性服务，可以满足制造业转型升级进程中对生产性服务的需求。在此背景下，本书主要研究我国生产性服务进口对制造业转型升级的影响。

本书首先从理论角度分析生产性服务进口对我国制造业转型升级的影响和影响的路径；其次从总体和分行业的角度，定性分析我国生产性服务进口和制造业的发展现状；再次从"量"和"质"两个角度实证分析生产性服务进口对我国制造业转型升级的影响，并且分析不同类型生产性服务进口影响的差异性；最后基于实证结果提出针对我国制造业转型升级的政策建议。

首先，在内生增长理论、产业内贸易理论和产品内贸易理论的基础上，通过理论分析发现生产性服务进口影响我国制造业转型升级的路径主要有：优化制造业资源配置效率；满足制造业生产的多样化需求；通过技术溢出和规模经济效应影响制造业生产；提升我国制造业在全球价值链中的分工地位。生产性服务进口包括跨境贸易和商业存在，本书从总体和分行业的角度定性分析这两种进口形式的特征。以技术复杂度衡量我国生产性服务贸易进口质量，我国生产性服务进口技术复杂度稳步提升，为制造业转型升级奠定基础。定性分析我国制造业发展现状，我国制造业增长速度仍然保持较高水平，但其下降趋势较为明显。我国的制造产业参与全球价值链的环节主要是附加值较低的加工、组装等环节，制造业的国际分工地位有很大的提升空间。

其次，在定性分析我国制造业发展现状的基础上，结合制造业转型升级的内涵，分别从制造业经济效益、生产效率和全球价值链地位三个角度实证分析生产性服务进口对制造业转型升级的影响，并从"量"和"质"角度分析了生产性服务进口对制造业增加值率的影响。生产性服务进口"数量"包括跨境贸易和商业存在（直接投资）两种形式的进口规模，以生产性服务进口复杂度来度量我国生产性服务进口"质量"，实证分析生产性服务进口对我国制造业全要素生产率的影响，并采用 DEA-Malmquist 指数测算制造业的全要素生产率；以生产性服务进口（跨境贸易和商业存在两种进口形式）作为核心解释变量，从"量"和"质"的角度分析其对制造业全要素生产率的影响，并且分析不同进口部门的差异性。回归结果表明，总体来看，生产性服务进口贸易可以显著促进我国制造业全要素生产率增长；生产性服务业直接投资可以促进我国制造业全要素生产率增长，但效果不显著；生产性服务进口技术复杂度可以促进我国制造业全要素生产率增长，但效果不显著。分部门来看，不同类型的生产性服务进口对我国制造业全要素生产率的影响不同，实证分析生产性服务进口对我国制造业国际分工地位的影响。利用世界投入产出表计算我国制造业国际分工地位指数，以生产性服务进口（跨境贸易和商业存在两种进口形式）作为核心解释变量，从"量"和"质"两个角度实证分析生产性服务进口对我国制造业国际分工地位的影响。回归结果表明，总体来看，生产性服务进口贸易和生产性服务业直接投资都可以显著促进我国制造业国际分工地位的提升；生产性服务进口技术复杂度可以促进我国制造业国际分工地位的提升，但效果不显著。分部门来看，不同部门对我国制造业国际分工地位的影响不同。

最后，在理论和实证分析的基础上，提出为了推动生产性服务对制造业转型升级的促进效应，应该抓住机遇促进我国生产性服务业的发展，扩大我国生产性服务贸易开放程度和引进生产性服务业直接投资力度。在我国生产性服务供给不能满足制造业生产需求的阶段，通过进口发达国家的生产性服务和直接投资的技术溢出效应，促进我国制造业转型升级。在进口生产性服务时要充分考虑不同生产性服务类别的差异性，结合制造企业发展目标制定进口战略。在我国制造业转型升级的关键阶段还要注重专业化人才培养，提升企业主体的研发能力。

# 目　录

# 第1章 引言

## 1.1 研究背景

  制造业是国民经济的主体，是立国之本、兴国之器、强国之基。随着智能化经济的到来，新一轮的科技革命和产业革命悄然兴起，各发达国家纷纷推出以智能、绿色、服务、高端为目标的制造业转型升级计划，以期在新一轮的技术革命中抢占先机。例如，美国提出"再工业化"战略，并相继启动了《先进制造业国家发展战略计划》《制造业创新网络计划》等；德国提出"工业4.0"战略，以网络实体系统及物联网为技术基础，实现原材料供应、生产、销售信息等数据化、智能化发展，提升制造业的智能化水平，以期实现快速、有效、个人化的产品供应；英国提出英国版"工业4.0"战略《英国工业2050》，将高价值制造业作为发展方向，努力推进"服务再制造"；法国推出《新工业法国》战略，旨在通过创新重塑工业实力，解决能源、数字革命和经济生活三大问题，体现其在第三次工业革命中实现工业转型的决心。

我国制造业融入全球分工环节，迅速扩张主要是凭借劳动成本、土地成本和环境规制成本等传统成本优势。随着我国传统成本优势的消失，尤其是"人口红利"的消失，我国劳动密集型制造产业和跨国公司向成本更低的新兴市场转移。同时，我国制造业在自主创新能力、资源利用效率、产业结构水平、信息化程度、产品质量等方面与发达国家差距明显，我国制造业受到发展中国家和发达国家的双重挤压，转型升级和跨越发展的任务紧迫而艰巨。

随着新一代信息技术与制造业融合，形成新的生产方式、商业模式和经济增长点，制造业正在进行影响深远的产业变革。新一轮科技革命和产业变革与我国加快转变经济发展方式形成历史性交汇，国际产业分工格局正在重塑，我国制造业转型升级迎来重大机遇。同时，我国经济发展进入"新常态"，制造业发展面临新挑战。资源和环境约束不断强化，劳动力等生产要素成本不断上升，投资和出口增速放缓，基于规模扩张的粗放型增长方式难以继续，制造业转型升级面临多重挑战。如何快速高效地推进制造业转型升级是我国现阶段经济发展的重点和难点。

制造业转型升级的重点在于结构优化、技术进步、生产效率提升、优化资源配置效率、产品附加值提升等，生产性服务作为制造业中间投入是实现制造业转型升级的重要驱动力。生产性服务业是指为保持制造业生产过程的连续性、技术进步和提高生产效率提供保障服务的行业。生产性服务业是从制造业内部生产服务部门独立发展起来、与制造业直接相关的新兴产业，本身并不向消费者提供直接的、独立的服务效用。生产性服务贯穿制造业生产的上、中、下游诸环节中，把日益专业化的人力资本和知识资本引进制造业，是制造业转型升级的关键因素之一。2014年8月，国务院发布《关于加快发展生产性服务业促进产业结构调整升级的制造意见》，提出"以产业转型升级需求为导向，进一步加快生产性服务业发展，引导企业向价值链高端延伸，促进我国产业逐渐由生产制造向生产服务型转变"。由于我国生产性服务业处于成长阶段，与我国制造业大国地位不匹配，我国生产性服务从数量和质量上都无法满足制造业日益增长的需求。在开放经济环境下，从发达国家进口生产性服务，是满足我国制造业转型升级进程中日益增长的多样化需求的重要途径之一。

# 1.2　研究目的和意义

## 1.2.1　研究目的

无论是从产值、出口还是从就业等方面来看，制造业都是我国的支柱产业和主要经济增长点。在复杂的国内和国际形势下，我国制造业转型升级面临巨大的压力。随着服务业与其他产业融合加深，服务业成为各国经济增长的重要驱动力。我国服务业发展相对落后，生产性服务起步较晚、发展水平不高，无法满足制造业日益增长的需求。因此，研究生产性服务进口对我国推进制造业转型升级有重要的理论意义和现实意义。

## 1.2.2　理论意义

学术界的研究主要集中在生产性服务业与制造业的关系上，对生产性服务进口贸易与制造业关系的研究较少，对生产性服务进口与制造业转型升级的研究鲜有涉及。本书研究的理论意义主要体现在以下几方面：

首先，由于本书研究的基础是生产性服务业与制造业融合，所以对产业分工和融合理论的深入研究有一定的意义。

其次，制造业转型升级表现为制造业生产率提升、技术进步、生产效益增强、全球价值链的分工地位提升等，这些有助于深入研究经济增长理论、国际分工理论和价值链理论等。

最后，服务贸易总协定以服务贸易的四种提供模式定义服务贸易，包括跨境支付、境外消费、商业存在以及自然人流动。国际平衡收支表中统计的服务贸易只包括跨境贸易，跨境支付、境外消费和自然人流动三种贸易模式，商业存在以服务业 FDI 的形式统计。本书把跨境贸易和商业存在纳入一个体系进行研究，提供一种更加全面的研究模式，为制定服务贸易政策和推进制造业转型升级提供理论依据，以期能够丰富服务贸易的相关理论研究。

### 1.2.3　现实意义

我国制造业转型升级进程中面临的主要问题有：自主创新能力弱，关键核心技术与高端装备对外依存度高，以企业为主体的制造业创新体系不完善；产品档次不高，缺乏世界知名品牌；资源能源利用效率低，环境污染问题较为突出；产业结构不合理，高端装备制造业发展滞后；信息化水平不高，与工业化融合深度不够；产业国际化程度不高，企业全球化经营能力不足等。因此，研究如何利用生产性服务进口贸易推进制造业转型升级有以下几方面的现实意义：

首先，生产性服务进口可以满足制造业生产需求。随着制造业服务化程度的提高，生产中所需的生产性服务大幅度提升。由于我国生产性服务业起步较晚、发展程度不高，生产性服务进口作为制造业中间投入，可弥补我国生产性服务业的缺陷，满足制造业生产需求。另外，生产性服务属于知识、技术密集型产品，国外先进的生产性服务的外溢效应为我国服务业提供动力和目标。

其次，推进制造业转型升级进程。生产性服务主要投入在制造业生产中的研发、设计、销售、售后等附加值较高的环节，它是促进制造业结构优化、转变生产方式、降低能源消耗、提高生产效率和产品附加值的主要因素之一。

最后，从需求的角度制定适当的服务贸易政策。生产性服务作为制造业的中间投入，是高端制造业发展的必要生产要素之一。本书不仅研究了生产性服务总体对制造业转型升级的影响，而且分析了不同生产性服务行业影响的差异性，为制定推进制造业转型升级的贸易政策提供理论和实证依据。

# 1.3　文献回顾

## 1.3.1　生产性服务业的相关概念和分类

在研究生产性服务进口与制造业转型升级的关系之前，必须明确生产性服务的相关概念。早在 17 世纪 Petty（1676）在阐述劳动力结构演进规律时就形成了生产性服务概念的萌芽，Rostow（1960）在《经济成长的阶段》一书中提到"商业"与生产性服务业相近。Machlup（1962）明确提出生产性服务业的概念，认为生产性服务业是产出知识的产业，Kuznets（1966）进一步指出生产性服务业是从制造业转移出来并为制造业提供服务的行业。Greenfield（1966）认为生产性服务不同于最终消费服务，从制造业中分离出来满足中间需求，可用于商品和服务的进一步生产；同时生产性服务是由外部市场独立提供、具有投入性质的服务。Hubbard 和 Nutter（1982）、Daniels（1982）从生产部门的角度阐述生产性服务业的概念，指出如果企业所生产出的服务在到达消费者手中之前被其他生产部门使用过，那么该部门就是生产性服务业部门。

由于某些服务行业同时向生产者和消费者提供服务（如交通运输、保险金融和批发零售等），因此服务业具有中间投入和最终需求的性质。在统计和测度过程中把生产性服务从服务业中明确分离出来具有一定的困难，不同的学者和组织从不同的角度对其进行了界定。例如，Singleman（1978）、Howells 和 Green（1986）从发展的角度把生产性服务分为传统和现代两种，其中，传统生产性服务包括金融、保险、房地产以及商业服务；现代生产性服务包括市场调研、广告、管理咨询、会计、律师事务等。Marshall 等（1987）认为，生产性服务是为其他生产部门的各生产阶段增值的活动，可分为信息处理类（如广告、流程处理和市场调研服务等）、与商品处理相关类（如商品销售、储存以及废物处理等服务）和个体支持类（如福利、保洁等）三类。Marti-nelli（1991）将生产性服务分为产品流程设计和创新活动（如研发、设计等）、与生产活动相关的服务（如质量控制和维持、后勤等）、与生产组织和管理活动相关的服务（如财务管理、信息咨询和法律服务等）、与资源分配和流动活动相关的服务（如银行、猎头和培训等）、与产品推广有关的服务（如运输、广告和营销等）。Hansen（1994）将生产性服务划分为上游（如研发）和下游（如市场营销）活动。胡晓鹏（2008）从投入产出角度将生产性服务分为两个层次：一是确保生产和制造活动能够持续稳定运行的服务，包括人力、资金和知识服务；二是确保生产能够迅速产生经济效益的服务，包括物流活动、市场行情和法律法规服务。杨玉英（2010）认为生产的各个环节都需要特定的专业服务，并根据专业服务参与生产环节的不同，把生产性服务分为产前、产中和产后服务。除了学者，不同机构对生产性服务也做出了各自的界定，虽然没有形成统一的分类标准，但各个国家（地区）和国际组织对生产性服务的性质和作用达成共识，认为生产性服务依附于制造业而存在，贯穿制造业的上游、中游和下游的各个生产环节，以人力资本和知识资本作为主要的投入品，加速二三产业融合。而生产性服务业是为保持制造业生产连续、技术进步、生产效率和产品附加值提升提供保障的行业。

### 1.3.2　生产性服务贸易的相关概念和分类

Markusen（1989）首先提出生产性服务贸易的概念，并构建了具有规模报酬递增的专业化中间投入贸易模式，指出只有最终货物的贸易是具有专业化中间投入贸易的劣质替代物，其中专业化中间投入就是生产性服务。Melvin（1989）认为生产性服务贸易就是在 H-O 模型中加入生产性服务要素的贸易模型。Francois（1990b）指出，在专业化进程中对规模报酬递增、劳动分工起到显著作用的服务贸易就是生产性服务贸易。郑春霞和陈漓高（2007）、庄丽娟和陈翠兰（2009）对生产性服务贸易有相同的定义，认为生产性服务业是为生产提供中间投入品的服务行业，生产性服务贸易是这些行业的对外贸易。周蕾（2009）在总结前人研究的基础上指出，生产性服务贸易是跨越国境满足全球价值链的中间需求，为社会物质提供各种非物质形态的服务性活动；此外，从价值形态上，生产性服务贸易贯穿全球价值链的各个环节，为产品增值提供跨国境的服务投入。王素芹和孙燕（2008）认为生产性服务包括运输、金融、保险、通信、计算机和信息服务、专利权使用费和特许费、咨询、广告宣传，并分析了 1997～2006 年生产性服务贸易的结构，发现生产性服务贸易在服务贸易中的比重呈上升趋势，其中比重最大的是运输服务。余道先和刘海先（2010）选取通信、建筑、保险、金融、计算机和信息服务、专利权使用费和特许费作为生产性服务，通过分析中国 1997 年以来的生产性服务贸易数据发现，我国生产性服务贸易发展不平衡，且进出口结构不合理。王荣艳（2010）基于"雁阵"模式分析东南亚各个经济体，发现东亚产业结构不断升级，各经济体的生产性服务贸易也在快速发展。聂聆和骆晓婷（2011）认为生产性服务贸易包括运输、建筑、金融、保险、专利权使用费和特许费、电信、计算机和信息服务以及其他商业服务 8 大类，通过分析中国与"金砖四国"的生产性服务贸易结构发现，中国生产性服务贸易发展不平衡，出口的主要是传统生产性服务，进出口结构也不合理等。因此，在总结前人研究的基础上，基于联合国贸发会议对服务贸易的分类，笔者认为与货物有关的服务、运输、金融服务、知识产权使用费、通信计算机和信息服务以及其他商业服务六大类的贸易属于生产性服务贸易。

### 1.3.3 生产性服务业与制造业关系研究

生产性服务作为服务和商品生产的中间投入，其发展程度对服务业和制造业都有重要影响。关于服务业与制造业关系的研究由来已久，例如，Ethier（1982）在研究国际贸易要素禀赋、国际规模经济和国内规模经济关系的文献中，通过数理模型说明一国即使缺乏要素禀赋和技术优势，仍然可以通过发展中间投入品产业，内生地获得新的产业和经济增长优势，为研究生产性服务业与制造业的互动关系提供了理论启示。此后，许多学者对生产性服务业与制造业的关系进行研究，相关观点可以归纳为需求遵从论、供给主导论、互动论和阻碍论。

#### 1.3.3.1 需求遵从论

需求遵从论认为，制造业处于主导地位，服务业处于需求遵从地位，生产性服务业依赖于制造业的发展。需求遵从论强调制造业对生产性服务业的需求拉动作用，把生产性服务业看作是制造业的依附和产业链的前端，持这种观念的国外学者有 Cohen 和 Zysman（1987）、Ramaswamy 和 Rowthorn（1999）、Klodt（2000）、Guerrieri 和 Melician（2005）等。国内学者张世贤（2000）认为工业化是我国经济和社会发展难以跨越的"拉夫丁峡谷"，工业化几乎是所有发展中国家的必经之路，只有实现工业化才能获得真正的发展。中国工业在国际市场上的比较优势正在转化为竞争优势，工业化、现代化任重道远，我们应该进一步通过扩大投资提高工业在国民经济产出中的比重。

只有工业化和城市化都达到了一定水平才能形成对服务业的需求和市场，服务投资也才能获得高效率产出。江小娟和李辉（2004）分析发现，自 20 世纪 90 年代以来，中国经济快速发展，服务业对经济增长的贡献率较低，这种现象与我国经济增长模式、经济体制、全球产业分工地位、认识和政策、统计口径等原因有关。作者还从多个角度用不同的数据样本分析经济增长与服务业发展的关系，并建立了多元回归模型分析收入水平、消费结构、城市化等因素对服务业发展的影响，研究发现随着我国经济的持续快速增长，服务业比重会明显提高。刘培林和宋湛（2007）采用经济普查数据运用累积分布曲线分析服务业和制造业企业，发现前者装备一个劳动力所需的资产量更多，前者的财务、经济效益比后者差，进入前者的投资门槛不比后者低，并且在当时的国情下，服务业企业（尤其是生产性服务业和现代服务业）投资的机会成本高于制造业企业。霍景东和黄群慧（2012）基于投入产出表计算我国22 个工业部门的服务外包度，并实证分析了影响工业部门外包的因素，研究结果表明，影响工业部门服务外包的因素主要为所有制结构、企业规模、外向度、生产率、税收、金融制度等；并提出可以通过实施工业强国战略、激发创新活力、推动制造业服务化等途径推动工业服务外包。服务业的发展主要是围绕实体经济，通过创新服务业发展模式提升服务业效率，通过完善税收、土地、金融制度来降低服务外包交易成本。

需求遵从论显然是片面的，它把服务业与制造业分隔开来，将服务业看作被动地、单向地依赖于制造业发展，忽略了两者的内在联系和相互影响。

### 1.3.3.2　供给主导论

供给主导论认为生产性服务业是制造业生产率提高的前提和基础，生产性服务可以降低制造业的生产和交易成本，提高专业化分工程度，促进技术创新和提升产品附加值等，是制造业增加值率和生产效率增长的关键因素，生产性服务业不发达，制造业就不可能具有竞争力。Kakaomerlioglu 和 Carlsson（2006）用一种新的方法定义和研究制造活动，把其放在一个更广泛的框架内分析美国制造业与生产性服务业的发展，研究发现服务业增长的一个重要解释是一些生产活动（如法律、会计和数据处理服务）从制造业向生产性服务业转变。江静等（2007）研究了生产性服务业发展提升制造业生产效率的内在机理，发现生产性服务业的发展提升了自身效率，降低了制造业生产成本，从而增强了制造业的竞争力；并运用面板数据进行实证分析，发现生产性服务业扩张可以促进制造业整体效率提升，分产业来看，交通运输、仓储和邮政业、通信业对劳动密集型产业效率提升有显著影响，金融保险业对资本密集型产业效率提升作用显著；科学研究、技术服务和地质勘查业对技术密集型产业效率的影响最大，但存在滞后性。钱书法等（2010）分析了社会分工制度下生产性服务业与制造业的关系，研究结果表明生产性服务业发展对制造业促进作用显著，其中金融保险业、交通运输业、科学研究综合技术服务业及房地产业的影响显著。唐国锋和李丹（2020）以重庆市为例，分析发现服务化对重庆市制造业转型升级总体上具有正向影响，且不同类型制造业间影响差异较大。

供给主导论与需求遵从论相反，认为生产性服务业是决定制造业发展的决定力量，在制造业发展中的地位极其重要。该理论虽然夸大了生产性服务业在制造业发展中的作用，但却说明了生产性服务业在制造业发展中的作用越来越重要。

### 1.3.3.3　互动论

互动论认为制造业和生产性服务业相互依赖、相互影响、共同发展，制造业是生产性服务业的基础，生产性服务业反作用于制造业。Coffey（1996）认为生产性服务业的发展源自制造业生产规模扩大和技术进步增加的需求，同时生产性服务可以降低制造业的生产成本，提高生产效率。高觉民和李晓慧（2011）构建生产性服务业与制造业互动机理模型，运用包括制造业与生产性服务业产出方程在内的联立方程组研究互动关系，结果表明生产性服务业的发展与制造业的增长相互促进。Lundvall 和 Borras（1998）认为随着信息技术的发展，服务业和制造业之间的界限越来越模糊，两种产业出现日益融合的趋势，许多制造业企业同时发展制造业和服务业。陈宪和黄建锋（2004）在深入探讨服务业增长、发展的历史过程和原因的基础上，从分工的角度考察了服务业与制造业关系的动态演进，验证了服务业与制造业之间存在相互依赖、相互作用的良性互动关系。魏江和周丹（2010）采用投入产出法和比较分析法，分析了典型国家或地区的生产性服务业与制造业的互动需求结构，研究发现经济发展水平、服务业发展水平、生产性服务业性质、制造业性质影响生产性服务业与制造业需求结构。

互动论对生产性服务业与制造业关系的分析相对客观，从发展的角度看待两种产业的关系，认识到生产性服务业源于制造业但同时反作用于制造业的作用机理。

### 1.3.3.4　阻碍论

阻碍论认为生产性服务业发展阻碍了经济增长。Baumol（1967）认为服务业的生产率低于工业，如果越来越多的劳动力进入生产率低下的部门，就会阻碍社会整体生产率的提升，从而阻碍经济发展。这种观念是非常片面的，它没有认识到生产性服务作为中间投入降低制造业生产和交易成本，提升生产效率的巨大作用。Hoekman（2006）证明与"鲍莫尔病"假设相反，现代服务业的发展提升了整体经济活动的生产率。

虽然学术界关于生产性服务业与制造业关系的意见不一致，但总体来看，大部分学者认可两种产业是相互依赖、相互促进的。随着产业融合程度的加深，制造业的发展需要越来越多的生产性服务投入。

### 1.3.4　制造业转型升级内涵

Gereffi（1999）最早提出转型升级的概念，认为升级是企业迈向更具获利能力的技术密集和资本密集领域的过程。Hunphrey 和 Schmitz（2004）认为，升级是企业获得技术能力和市场能力的过程，并从全球价值链的视角明确了四种升级模式，分别是：生产过程升级，是指通过对生产体系重组提高产出效率；产品升级，是指通过引进先进生产线改进产品并加速产品推出，从而增加产品附加值；功能升级，是指获取新功能或放弃现有功能；跨产业升级，是指将用于某种产业生产的专业知识应用到其他产业。蒋兴明（2014）认为产业转型升级包括产业链转型升级、价值链转型升级、创新链转型升级和生产要素组合转型升级。其中，产业链转型升级是指产业从边缘环节向核心环节延伸，并获得对全产业链的掌控能力；价值链转型升级是指从价值链低端向高端延伸；创新链转型升级是指产业技术实现原始创新、集成创新、引进消化吸收再创新、协同创新四个方面的升级，突破一批共性、核心、关键技术，不断应用基础性、战略性、前沿性、颠覆性技术，形成新产品、新服务、新业态；生产要素组合转型升级是指提高技术、管理、知识等高端生产要素在要素组合中的份额。孙理军和严良（2016）基于全球价值链完善了制造业经济、社会、环境转型升级量化的测度指标，并且揭示和评价了中国制造业转型升级的整体水平。刘志彪（2015）认为，我国经济面临持续下行压力，本质上是因为生产效率持续下降和生产要素成本上升，提高生产效率是推进经济转型升级的政策目标和依据，启动国家层面大规模的技术改造是重塑经济增长动力和推进产业升级的利器。曾繁华等（2015）从全球价值链视角研究创新驱动制造业转型升级的机理和演化路径，认为创新驱动制造业转型升级的本质是提升制造企业的科技创新能力，推动我国制造业向价值链的高端环节延伸。蔡瑞林等（2014）在界定低成本创新概念的基础上，构建了低成本创新驱动制造业高端化的路径模式，揭示技术、设计、市场和组织等管理因素的变革整合是低成本创新的动力源。宋易珊和常力文（2014）从制造业技术结构改善实现转型升级的角度分析，发现知识型服务进口贸易可以促进制造业从劳动密集型向技术密集型转变。马鹏和肖宇（2014）重新诠释了产业转型升级的基本逻辑，即从单纯强调高技术产业向优势产业组合转变。薛继亮（2013）实证研究了技术选择和产业结构转型升级的作用机理，研究发现中国产业技术不断进步带来资本深化和产值增加，从而促进产业转型升级。付晓丹（2012）把制造业升级划分为创新能力和生产效率两个维度，并探讨了生产性服务贸易对我国制造业的影响，实证研究表明，生产性服务贸易可以促进我国制造业生产效率提高，但对创新能力的促进作用不明显。郭根龙和鲁慧鑫（2015）以投入产出比率作为衡量制造业升级的指标，分别从总体和分行业两个层面研究高端服务进口对我国制造业升级的影响，其计量结果显示，高端服务进口对制造业升级有促进作用。鲁成浩等（2022）以行业增加值率作为地区制造业升级的衡量指标，从生产要素转移和创新的角度分析生产性服务对地区制造业升级的影响。金碚等（2011）研究发现深化体制改革、完善产业政策和优化发展环境等可以引导和推动制造业结构转型升级。黄顺魁（2015）指出德国在实施"工业4.0"战略进程中，充分注重技术边界的延展与集成、渠道和供应链的强化、要素保障有限实施三个层面协同推进；并提出中国制造业转型升级可以借鉴德国经验，推动数字化、网络化、智能化制造，重视核心技术创新、市场拓展、标准规划建设与实施、协同配套对产业转型升级的协同作用；发挥大型企业的带动效应，通过人才培育、资源利用、市场开放等产业政策安排促进制造业转型升级。潘为华等（2019）从质量效益、创新能力、信息技术和绿色发展四个方面构建了制造业转型升级的综合评价指标体系以及综合指数，对中国制造业转型升级的发展水平进行测度。

### 1.3.5 生产性服务业与制造业转型升级的关系研究

生产性服务为知识密集、技术密集型产品，作为制造业的生产要素，可以在很大程度上优化制造业结构和资源配置、提升生产效率、促进技术进步、提升技术附加值等。

贾莹等（2016）在经济增长理论、交易成本理论、分工理论和创新理论的基础上研究发现，资本积累、服务外包和生产性服务集聚分别通过生产资料转移和积累、培育核心竞争力、知识和技术外溢来推动制造业发展，三种形式结合共同创新服务形态，推动制造业转型；并提出提高生产性服务业信息化、智能化，推进生产性服务业与制造业集聚式发展，加大金融机构对小微企业支持等政策建议。刘志彪（2006）剖析了生产性服务业对制造业结构优化的作用机理，包括加深制造业的专业化分工，推进制造业的知识化改造和竞争力提升，加强生产性服务业和制造业的空间协同定位，推进制造业向高新技术和先进制造业转型升级。詹浩勇和冯金丽（2014）通过理论分析表明，生产性服务业集聚通过降低贸易成本和提升创新收益的中介效应推动制造业转型升级。赵玉林和徐娟娟（2008）从生产性服务业的特征分析入手，探索了生产性服务业促进制造业升级的作用机制；并以武汉为研究对象，对比了其与上海、北京的发展现状，认为武汉制造业升级亟待大力发展生产性服务业。韩明华（2010）以宁波为例，研究发现生产性服务业促进制造业优化升级的同时，制造业结构优化又可以拉动生产性服务业的发展；在生产性服务业促进产业结构优化升级的过程中，存在规模总量不足、产业优势不明显等问题，应该以生产性服务业与制造业互动发展为着眼点，大力发展高端生产性服务业，不断优化服务业结构，加速制造业的结构调整和优化。符大海和鲁成浩（2021）基于异质性企业模型探讨了服务业开放对企业出口贸易方式转型的影响；发现服务业开放能显著促进中国制造企业一般贸易额上升，抑制其加工贸易额，从而加速中国企业出口贸易方式由加工贸易向一般贸易转型；服务业开放对企业出口贸易方式转型的影响具有明显的异质性特征，对生产性服务开放以及服务依赖型行业、非国有企业和东部地区企业影响更为显著。

许多学者从不同的角度研究生产性服务业对制造业转型升级的作用机制，主要从制造业生产效率提升、技术进步、价值链升级等角度展开研究。

Kakamoerliogu 和 Carlsson（2006）指出服务部门为制造业生产提供成本较低的中间投入，而生产性服务业能够促进劳动分工加深和劳动生产效率提高。Daniels（1989）指出，有效率的生产性服务业是制造业劳动生产率和产品竞争力提升的前提和保障。O'Faeeell 和 Hitchens（1990）指出如果一个地区的生产性服务业竞争力不足，会阻碍当地制造业效率和竞争力提升，进而阻碍区域经济发展进程。彭湘君和曾国平（2014）借助新古典增长模型，将生产性服务业作为投入变量引入制造业的内生经济增长模型，运用动态优化的方法推导得出，投入各种生产性服务的制造业 TFP 与制造业的增长率成正比，分行业来看，金融业、租赁和商务服务业对制造业 TFP 提升效果显著。黄莉芳和黄良文（2012）探讨了生产性服务业基于资本有机构成、人力资本水平和技术创新能力与制造业生产率关系的调节作用，实证检验了调节效应的存在性，并基于生产性服务业的细分行业和不同要素类型制造业进行相应分析，研究发现，生产性服务业整体上主要通过直接作用提升制造业生产率，但调节效应不显著，且细分行业存在差别，生产性服务业调节效应的方向和程度受到制造业类型的影响。冯泰文（2009）引入交易成本和生产制造成本作为中介变量，研究因生产性服务业的发展而提升制造业效率的内部机理，其研究结果表明，生产性服务业的发展促进了制造业效率的提高，其中以金融业的影响作用最为明显。交易成本是生产性服务业促进制造业效率提升的中介变量，但生产制造成本并没有通过中介效应的检验。李平等（2022）利用上市公司数据研究发现，生产性服务进口技术复杂度的提高显著促进了企业生产率的提升，影响效果因生产性服务进口类型、企业类型和制度环境的不同具有显著的异质性。韩惠民和杨上广（2015）认为，生产性服务业集聚可以通过竞争效应、产业关联效应、技术外溢效应降低交易成本、提升专业化水平、促进制造业集聚和空间溢出效应，进而提升制造业生产率；进一步运用面板数据的空间计量模型对安徽省的实证研究表明，金融业、租赁和商务服务业的集聚促进了制造业生产率提升，多样化的生产性服务业集聚可以显著提升制造业生产率。喻胜华等（2022）利用双重差分法分析发现，生产性服务业开放可以显著促进制造业创新质量提升，信息服务业、商业服务业、科技服务业开放对制造业创新质量的提高有显著的促进作用，而运输服务业开放对制造业创新质量具有轻微的抑制作用；金融服务业开放对制造业创新质量的影响不明显。高传胜（2008）在拓展生产性服务业发展促进制造业结构优化机理的基础上实证研究发现，由于生产性服务业在产业知识化改造、专业分工深化、成本降低、创新能力增强、竞争优势增强等方面具有独特优势，能够促进制造业转型升级，分产业来看，信息通信服务、金融服务、科教文卫服务对制造业升级的支撑作用较大，商贸和交通运输的作用较小。

制造业生产效率的提升一方面是由技术进步引起的，许多学者从生产性服务业促进制造业技术进步的角度，研究生产性服务业对制造业转型升级的促进作用。例如，Riddle（1986）指出，服务业作为一种过程产业（Process Industries），以经济黏合剂的形式为产品生产和市场交易提供便利，促进该部门的发展。Grubel 和 Walker（1989）从生产性服务业的特征展开分析，认为生产性服务业是人力资本、知识资本密集型产业，可充当人力资本和知识资本的传送器，把这两种类型的产品以增加值的形式导入最终产品中。陈菲等（2017）实证分析我国生产性服务业发展对制造业技术效率的影响，分析结果表明，生产性服务业在直接促进本地区制造业技术效率提高的同时，通过降低生产成本和提高创新能力间接促进制造业企业技术效率水平的提高，并且能促进周边地区资本密集型和技术密集型制造业技术效率水平的提高，尤其是通过降低生产成本提高技术效率的效果显著。许和连等（2017）基于中国工业企业数据库、中国海关进出口数据库和世界投入产出表的投入产出数据，测算了中国各制造行业的投入服务化程度；研究发现，中国制造业投入服务化与出口企业的国内增加值率呈"U"形关系，并对不同贸易类型企业的影响存在差异；成本降低和技术创新是制造业投入服务化提升企业出口国内增加值率的可能渠道。

随着全球化和国际分工程度的加深，很多学者研究了生产性服务业对制造业价值链的影响。例如，Francois 和 Woerz（1990）分析了生产性服务业促进制造业分工深化的原因与机理，研究表明随着市场的扩张、厂商和生产规模扩大，生产行为被细分为不同的环节，从而提高了生产的专业化程度。吕政等（2006）认为，生产性服务业的产生和发展就是建立在成本优势基础上的专业化分工的深化和企业外包活动的发展。杨春立和于明（2008）通过对比传统与现代制造业价值链的构成，探讨了生产性服务对制造业价值链变化所起的作用，为进一步优化制造业价值链提供基础。顾乃华和夏杰长（2010）利用我国 2007 年投入产出表实证分析投入服务化对制造业的影响，实证研究表明投入服务化程度的提高能够促进制造业价值链攀升；同时，在我国生产性服务业发展滞后的背景下，制造业主要依靠廉价劳动力获取低成本优势参与国际竞争，很少选择利用生产性服务业来提高产品附加值；此外，服务业的外贸程度与对制造业效率的提升作用成正比，因此应该促进制造业与服务业的互动和融合发展，扩大服务业开放领域，推动制造业向价值链高端攀升。周鹏等（2011）基于投入产出表运用制造业附加值来度量制造业价值链升级状况，并选取交通运输、仓储及邮政业，批发和零售业以及金融业代表生产性服务业，实证分析发现，生产性服务业是制造业价值链升级的有力支撑。吕志胜和金雪涛（2011）分析了美国制造业和生产性服务业的发展数据，发现从分工和价值链的角度来看，两种产业的融合关联趋势在加深。

匡增杰等（2023）等从跨国视角考察了服务化转型对一国制造全球价值链位置提升的作用；发现制造业服务化能够有效提高制造业的竞争能力，通过提高生产效率和降低生产成本两个渠道促进制造业全球价值链位置的提升。

### 1.3.6　生产性服务贸易与制造业关系研究

由于生产性服务贸易统计方式的特殊，服务贸易可分为跨境贸易和商业存在两种形式，有很多学者从这两种角度研究生产性服务贸易对制造业的作用机制。

20世纪90年代以来，学者们对进口贸易与技术进步之间的关系进行了研究，普遍认为进口贸易通过技术溢出效应可以促进一国的技术进步。例如，Romer（1990）构建品种增长模型，指出进口贸易可以通过增加产品的种类来促进技术进步。Coe和Helpman（1995）认为，一国可以通过国内R&D和进口贸易带来的国外R&D溢出促进技术进步。一些学者还分析了进口贸易技术溢出效应的大小，如Amiti和Wei（2006）发现离岸服务业对美国制造生产率提升起到10%的作用。Francois和Woerz（2008）研究表明，加大生产性服务业开放可以有效促进机械、汽车、化学和电力设备的出口，从而有效提升技术密集型产业的发展；同时，对OECD国家的研究表明，商业服务业的进口可以促进高技术制造业出口，但对劳动密集型制造业存在负面影响。Madsen（2007）基于16个OECD国家1870~2004年的数据研究发现，全要素增长的93%来自进口知识的技术外溢。唐保庆等（2011）运用90个国家的面板数据，研究进口不同要素密集型服务对进口国的R&D溢出效应，发现进口劳动密集型和资本密集型服务对进口国全要素生产率提升、技术效率改进和技术进步的作用不明显；进口技术密集型和知识密集型服务通过R&D溢出效应可以显著促进全要素生产率、技术效率提升和技术进步。宋易珈和常力文（2014）通过制造业技术结构改善实现转型升级的角度分析，发现知识型服务进口贸易可以促进制造业从劳动密集型向技术密集型转变。李智等（2024）从制造业与生产性服务业融合的视角分析了生产性服务进口技术复杂度对制造业出口竞争力的影响。研究发现生产性服务进口技术复杂度通过要素重组效应、贸易补偿效应和技术溢出效应影响制造业出口竞争力。刘继森和刘培斌（2016）基于世界投入产出表将服务进口分为生产性和非生产性，并且把生产性服务细分为传统型、信息技术型、金融型和其他，研究结果发现，生产性服务进口能显著提高制造业生产效率，传统型、信息技术型和金融型服务进口对制造业生产效率提升有积极作用；此外，采用时间序列数据从"质"的角度分析，结果表明生产性服务进口技术复杂度是制造业生产效率提升的重要驱动力。郭根龙和鲁慧鑫（2015）以投入产出比率作为衡量制造业升级的指标，分别从总体和分行两个层面研究高端服务进口对我国制造业升级的影响，计量结果显示，高端服务进口对制造业升级有促进作用。杨晓云和赵小红（2022）基于增加值贸易核算方法构建了生产性服务业进口技术复杂度指标，实证分析发现生产型服务业进口技术复杂度通过技术溢出、投入服务化、产品升级和市场扩张能够作用于中国制造业企业创新。

付晓丹（2012）把制造业升级划分为创新能力和生产效率两个维度，并探讨了生产性服务贸易对我国制造业的影响，实证表明，生产性服务贸易可以促进我国制造业生产效率的提高，但对创新能力的促进作用不明显。方希桦等（2004）研究发现通过进口贸易产生的技术溢出效应与我国研发投入对我国全要素生产率提升起到相同作用。喻美辞和喻春娇（2006）将人力资本加入 LP 模型，得出相似的结论。陈启斐和刘志彪（2014）构建生产性服务进口多边模型，分析生产性服务进口对一国制造业技术进步的影响，结果显示只有当母国制造业生产率达到一定阈值后，生产性服务进口才能促进制造业技术进步；同时利用动态面板模型研究发现，生产性服务进口对我国制造业技术进步有显著的提升作用，从细分行业来看，金融服务、研发服务和商业服务进口可以促进制造业技术进步。杨玲（2014）在测度生产性服务进口结构优化水平的基础上，利用 VAR 模型、采用脉冲响应、方差分解等方法研究发现，上海的生产性服务进口结构优化能够提升本土科技企业的自主创新能力，但对企业技术进步提升作用不明显，生产性服务跨境贸易和商业存在都是通过提升制造产业的技术效率来提升 TFP，但具体作用和用途受制造产业异质性的影响。樊秀峰和韩亚峰（2012）基于价值链视角，实证分析了生产性服务贸易对制造业生产效率的影响程度，发现生产性服务贸易可以通过规模经济效应提升制造业资源配置和生产效率，不同生产性服务贸易部门对不同要素密集度制造业生产效率的促进作用不一致，通信、计算机和信息服务、金融和保险服务对劳动密集型和技术密集型制造业生产效率有明显的促进作用，金融、保险和运输服务对资本密集型制造业生产效率的提升作用显著。刘艳（2014）研究生产性服务进口对不同类型国家的高技术制成品出口复杂度的影响，结果表明，生产性服务进口总体对发达国家和发展中国家的所有商品出口复杂度都有显著正向影响，对高技术制成品出口复杂度的影响更大；分部门来看，计算机与信息、专有权使用费与特许费、其他商业服务进口对发达国家高技术制成品出口复杂度的促进作用显著，只有计算机与信息服务进口对发展中国家高技术制成品出口复杂度有显著促进作用。路红艳（2009）根据生产性服务的特点，分别从创新、价值链和产业融合的角度分析了生产性服务引领制造业创新的作用机理、生产性服务促进发展中国家在全球价值链分工体系中从 OEM 向 OBM 转化的途径和生产性服务优化制造业结构的作用。王谦和丁琦（2016）运用 VAR 模型验证生产性服务贸易进口技术复杂度与我国产业结构水平具有长期动态均衡关系。张宇馨（2014）研究发现，我国生产性服务业外资企业数量相对较少，主要分布在中心城市，其对中心城市服务业的发展和我国服务外包的竞争力有促进作用，但对制造业转型升级无明显促进作用，甚至可能造成制造业发展的两极分化。邱爱莲等（2016）首先利用 Malmquist 指数测算了我国制造业全要素生产率指数，然后利用面板数据研究生产性服务贸易前向溢出效应对我国不同要素密集型制造业 TFP 的影响，结果显示，跨境贸易和商业存在均能显著提升我国所有制造行业的 TFP，前者的作用大于后者。王诏怡（2013）对比生产性服务进口与生产性服务业对制造业生产率的促进作用，前者的促进效果更强；分部门来看，专有权与特许权使用费进口对制造业生产率的促进效应最明显。王欢等（2023）基于中国海关进出口数据和工业企业数据，实证考察发现生产性服务贸易通过影响企业生产率、进口中间产品质量和制造业服务化水平影响制造业出口产品质量；异质性分析表明金融、其他商业和通信计算机服务部门的自由化对出口产品质量的作用为正，而交通运输的自由化对出口产品质量的作用为负。

Chakraborty 和 Nunnenkamp（2008）认为，由于服务业吸收能力较弱，服务业外资进入对东道国制造业的影响要大于其对东道国服务业的影响。Arnold 等（2008）对南非 10 个国家 1000 多个企业数据的研究表明，通信、电力和金融领域的外资对制造业 TFP 有显著正向影响。Fernandes 和 Paunov（2008）研究智利服务业外资存量对其制造业企业生产率的影响，结果表明服务业外资可以显著提升制造业生产率，并且生产技术越先进的制造业企业获益越大。Arnold 等（2011）对印度企业数据和服务业开放指数的研究表明，贸易、运输、通信和金融相关行业开放措施可以提升制造业劳动生产率。黄先海和张云帆（2005）在 CH 模型中加入外资依存度，研究发现进口贸易与 FDI 对我国全要素生产率提升作用显著。胡国平等（2013）从产业关联效应的视角研究生产性服务业 FDI 对我国制造业效率的影响及作用机理，发现生产性服务业 FDI 对我国制造业效率的影响不显著；分行业来看，金融业 FDI 通过前向和后向关联效应对制造业效率的提升作用较大，且两种效应都呈上升趋势，租赁和商务服务业 FDI 的前向和后向关联效应对制造业效率的提升作用也较强，但两种效应都呈下降趋势，信息传输、计算机服务和软件业，科学研究、技术服务和地质勘查业，交通运输、仓储和邮政服务业 FDI 的关联效应不强。赵春明等（2024）采用中国工业企业数据库和中国工业企业污染数据库的匹配数据，实证检验了生产性服务业开放对中国制造业企业绿色发展的影响，发现生产性服务业开放通过提高企业末端治理能力和企业管理高效率两种途径提升企业绿色发展水平，同时还有助于实现制造业企业绿色技术创新、绿色产品创新、能源利用效率提升以及能源投入结构优化。

### 1.3.7 文献评述

随着专业化分工程度的加深及经济增长方式的转变，生产性服务作为制造业的中间投入，逐渐从制造业中分离出来，又反作用于制造业。生产性服务在制造业中间投入中的比重逐渐增高，其知识密集型、技术密集型的特点对制造业转型升级的作用越来越重要。通过阅读归纳研究生产性服务业和生产性服务贸易对制造业转型升级影响的文献，发现生产性服务业和生产性服务贸易对制造业转型升级的影响都很显著。从分行业分析来看，不同生产性服务类型的影响存在差异，对不同制造产业的影响也有差异。

已有文献的不足之处主要有两个方面：一方面，研究生产性服务对制造业转型升级的影响时，主要是从生产性服务业的角度展开研究。随着全球化程度的加深，我国市场的开放程度越来越高，只分析生产性服务业对制造业转型升级的影响，低估了生产性服务在制造业中的作用。

另一方面，研究生产性服务进口的大部分文献只分析了跨境贸易对制造业转型升级的效用，而且是从"量"的角度分析，研究生产性服务 FDI 的文献较少。仅有几篇研究生产性服务进口技术复杂度对制造业影响的文献，且只是利用时间序列或从整体上分析了影响程度。由于服务贸易统计的特殊性，进口贸易分为跨境贸易（跨境交付、境外消费、自然人流动）和商业存在，由于不同国家统计方式不同，进口贸易数据只包括跨境贸易，生产性服务属于知识、技术密集型产业，商业存在对国内产业有外溢效应，在分析生产性服务进口对制造业转型升级的影响时不能忽略商业存在，且已有文献多是从进口"量"的角度研究，忽略生产性服务进口"质"的影响。

# 1.4　研究内容

本书共 7 章内容，分为四大部分：

第一部分为背景介绍包括第 1 章。第 1 章引言，包括研究背景、研究目的和意义、文献回顾、研究内容、研究方法、创新点和研究局限。

第二部分定性分析我国生产性服务进口影响制造业转型升级的理论基础和两者发展现状，包括第 2 章和第 3 章。第 2 章分析我国生产性服务进口影响制造业转型升级的理论基础以及影响路径，包括理论基础及生产性服务进口影响制造业转型升级的路径分析。第 3 章定性分析我国生产性服务进口特征和制造业发展现状，包括生产性服务进口总量特征、分行业分析生产性服务进口特征、我国生产性服务进口技术复杂度测算，以及我国制造业发展现状。

第三部分为实证分析，分别从制造业的经济效益、生产效率和全球价值链地位，三个角度分析生产性服务进口对制造业转型升级的影响，包括第 4、第 5 和第 6 章。第 4 章实证分析生产性服务进口对制造业增加值率的影响。首先定性分析我国制造业增加值率的特点；其次从量和质两个角度分析生产性服务进口对制造业增加值率的影响，并且分析不同进口部门影响的差异性。

第 5 章实证分析生产性服务进口对制造业全要素生产率的影响。首先采用 DEA-Malmquist 指数测算制造业的全要素生产率；其次以生产性服务进口作为核心解释变量，从量和质的角度分析其对制造业全要素生产率的影响，并且分析不同进口部门影响的差异性。第 6 章实证分析生产性服务进口对制造业国际分工地位的影响。首先利用世界投入产出表测算我国制造业的国际分工地位指数；其次从量和质两个角度分析生产性服务进口对制造业出口技术复杂度的影响，并且分析不同进口部门影响的差异性。

第四部分为结论和政策建议，包括第 7 章，总结全书分析得出的结论，并提出相关政策建议。

# 1.5　研究方法

本书采用的研究方法包括三种：

首先是归纳总结。归纳了现有研究生产性服务业和服务贸易与制造业、制造业转型升级关系的文献。在总结已有研究的基础上，找到现有研究的不足之处并进一步扩展研究。对生产性服务进口（跨境贸易和商业存在）和制造业有关的数据进行整理、计算、归纳，分析我国生产性服务进口和制造业发展的特征、结构、趋势等。

其次是定性与定量相结合。分别用增加值率、全要素生产率和国际分工地位指数定性分析我国制造业转型升级的效果。采用计量统计软件，定量分析生产性服务进口（跨境贸易和商业存在）对制造业转型升级的影响，并对结果做出合理解释。

最后是实证分析和规范分析相结合。运用实证分析方法，分析生产性服务进口（跨境贸易和商业存在）能否推进我国制造业转型升级进程，分析不同行业间的差异性。根据实证结果规范分析如何最有效地推进制造业转型升级，并充分考虑不同行业间的差异性。

# 1.6 创新点和研究局限

首先是选题创新。通过阅读和归纳大量文献发现，关于生产性服务与制造业的互动关系，大部分文献是从生产性服务业影响制造业生产效率的角度展开研究，少数研究生产性服务进口的文献也是从进口总量的角度研究其对制造业的影响。本书选取生产性服务进口为研究对象，并且考虑服务贸易统计的特殊性，研究对象包括跨境贸易和商业存在两种形式的生产性服务进口。

其次是研究视角创新。现有研究生产性服务进口和制造业关系的文献，主要是从生产性服务进口总量的角度，研究生产性服务进口技术复杂度的文献，研究对象主要是经济或工业经济增长。本书分别从生产性服务进口贸易"量"和"质"的角度研究其对制造业转型升级的影响，并且分析不同生产性服务部门影响的差异性。制造业转型升级有多重表现，分别选取多个具有代表性的指标衡量，研究发现生产性服务进口可以有效推进我国制造业转型升级，不同生产性服务进口的影响具有较大差异性，并且同一种生产性服务采用不同的方式进口对制造业转型升级的影响也存在差异。

最后是研究方法创新。本书运用产业结构优化水平指标，定量分析我国制造业结构优化水平，并且改进了结构优化水平指标，改进后的指标更加准确地衡量制造业结构的优化程度。

由于我国对生产性服务业的分类与国际上对生产性服务贸易的分类存在差异，把跨境贸易和商业存在的数据结合在一起时可能不准确。生产性服务与一般产品不同，服务统计一直是世界性的难题，现有的生产性服务统计数据并不完善，对生产性服务的分类也不详细。本书在研究生产性服务进口对我国制造业转型升级的影响时，采用同一种统计方式下的生产性服务数据，并尽可能统一跨境贸易和商业存在对生产性服务的分类。

# 第2章 生产性服务进口与制造业转型升级：理论基础和影响路径

## 2.1 理论基础

### 2.1.1 内生增长理论

内生增长理论产生于20世纪80年代中期，是西方宏观经济理论的一个分支。内生增长理论认为经济可以不依赖外力推动实现持续增长，而内生的技术进步是保证经济持续增长的决定性因素。对内生增长模型的阐述主要分为两方面：一是罗默（1986）、卢卡斯（1988）等用收益递增、技术外部性来解释内生增长，代表性的模型为罗默的技术外部性或知识溢出模型、卢卡斯的人力资本模型等。二是用资本持续积累来解释内生增长，代表性的模型为琼斯—真野模型、雷贝洛模型等。

除了罗默、卢卡斯等最具代表性的内生增长模型外，还有许多模型从不同的方面解释内生增长理论。如 King 和 Robson（1993）以知识传播为主要研究对象的内生增长模型，Aghion 和 Howitt（1992）以模仿与创造性吸收为研究对象的内生增长模型，以及 Young（1991）的国际贸易内生增长模型。

在相当长的时期内，经济学界认为经济增长主要取决于三个要素：一是生产要素的积累；二是在技术、知识既定的情况下，资本存量的使用效率；三是技术进步。新古典经济增长理论的代表模型是用柯布—道格拉斯生产函数建立的增长模型，该模型中的自变量是劳动投入量和物质资本投入量，外生因素是技术进步，所以当要素收益递减时经济停止增长。20 世纪 80 年代中期产生的内生增长理论认为，经济长期增长率是由内生因素决定的，如投入的劳动力通过接受正规教育、培训等形成人力资本，投入的物质资本包含由研发、创新等活动形成的技术进步，其把技术进步内生化，所以技术进步导致要素收益递增从而实现长期经济增长。

新古典增长理论和内生增长理论对政策的影响有不同看法：财政政策通过扭曲性税收的负效应、累进税对储蓄的不利影响以及税收增加提高公共投资水平等方式来影响经济增长，但影响的方式和效果不同。新古典增长理论认为财政政策只能影响短期经济增长，长期经济增长完全由理论中的外生因素决定，无论采取什么样的财政政策，长期经济增长都不变。内生增长理论则认为长期经济增长由一系列内生变量决定，这些内生变量受政策的影响，尤其对财政政策很敏感。

### 2.1.2 产业内贸易理论

1951 年，美国经济学家里昂惕夫利用 1947 年的美国产业数据对要素禀赋理论进行验证时发现，美国的出口产品以劳动密集型为主，进口产品以资本密集型为主，而美国的比较优势是资本密集型产品，其验证结论与要素禀赋理论相悖，因此称为里昂惕夫之谜。这一矛盾促成了产业内分工理论的诞生。自 20 世纪 60 年代以来，随着科学技术的不断发展，国际贸易中出现了一种与传统贸易理论相悖的现象，即国际贸易大多发生在发达国家之间，而不是发达国家与发展中国家之间；而发达国家之间的贸易出现了既出口又进口同类产品的现象。为了解释这一现象，国际经济学界产生了一种新的理论——产业内贸易理论。

产业间贸易理论的基础是比较优势和完全竞争，而产业内贸易理论的基础是规模经济和垄断竞争。一般来说，消费者偏好的多样性和国际直接投资活动是产业内贸易基本的推动因素。从供给角度看，产业内贸易的产生是由于生产存在规模经济，使参与国际贸易的产业处于垄断竞争的条件下，生产的产品存在异质性；从需求角度看，产生的原因是需求者偏好的多样性，且存在偏好相似。产业内贸易表现为差异产品的贸易，差异产品是指产品相似但不完全相同，也不能完全替代。差异产品主要分为水平差异产品、垂直差异产品和技术差异产品三类。其中，水平差异产品是指同一类产品具有某些相同属性，但这些属性的不同组合会使产品存在差异。水平差异产品贸易产生的原因是消费者偏好的多样性，不同国家或地区的消费者对彼此同类产品存在相互需求。垂直差异产品是指产品品种上存在差异，即消费者对产品档次需求的差异。垂直差异产品贸易产生的原因是为了满足消费者不同消费层次的需求。技术差异产品是指生产厂商技术水平提高带来的差异。技术差异产品贸易产生的原因是产品存在生命周期，技术先进的国家或地区不断推出新的产品，技术较落后的国家生产的产品技术含量不高，处于不同生命周期阶段的同类产品产生产业内贸易。

随着跨国公司的大量出现，跨国公司的投资行为极大地促进了产业内贸易的发展。跨国公司理论把跨国公司分为垂直一体化模型和水平一体化模型。其中，垂直一体化模型是指跨国公司在母国和东道国实行纵向分工，产业链的关键环节设在母国，东道国子公司从事产业链中增值较低的环节。垂直一体化模型中跨国公司生产的产品具有不同的物理特征和差异。水平一体化模型是指跨国公司在经济发展水平和市场规模相似的国家间展开经营，在各个国家或地区建立自己的生产和销售体系，满足当地需求。水平一体化模型中跨国公司在不同国家或地区建立内部市场，进行差别产品交易，呈现产业内贸易和规模经济的特征，极大地推动了产业内贸易发展。

### 2.1.3　产品内贸易理论

随着国际专业化分工的加深和跨国公司的兴起，厂商为了降低生产成本、优化资源配置、提高产出效率等，将同一产品的生产分别放在不同的国家或地区来完成，产品内贸易是指产品内分工的过程中中间投入品的贸易。Deardorff 把产品内分工的概念引入国际贸易模型中，分析产品内分工对贸易及要素市场的意义，特别是对要素价格及社会福利的影响，并认为产品内分工可以推动要素价格均等化。具体来说，如果产品内分工不改变产品价格，就会增加参与分工的国家或地区的产值；反之，如果产品内分工改变产品价格，就会通过改变进出口交易比例降低参与国家或地区的福利水平。通过产品内分工可以使不同国家或地区发挥各自的比较优势、促进专业化分工、实现内部规模经济、提高生产效率以及改善参与分工双方的福利水平等。传统贸易理论的比较优势理论仍然适用于产品内分工贸易，比较优势和规模经济是产品内贸易产生的基础。比较优势决定了一国或地区以什么样的方式参与产品内分工贸易，而规模经济决定参与产品内分工贸易的国家或地区的获益程度。

在制造业转型升级进程中，我国制造业结构由劳动密集型产业为主向技术密集型产业为主转变；生产向研发、设计等核心生产环节延伸。在生产结构和生产方式转变的过程中需要大量的生产性服务要素投入，而我国生产性服务业处于发展初期，无法满足制造业转型升级进程中所需的中间投入，内生增长理论、产业内贸易理论为研究我国进口生产性服务进口与制造业转型升级提供了理论基础。

# 2.2　生产性服务进口影响制造业转型升级的路径分析

## 2.2.1　优化制造业资源配置效率

在一定的技术水平条件下，制造业的资源配置效率体现了通过分配投入的各种生产要素所产生的效益。制造业生产活动包括研发、原材料采购、生产、销售、财务、售后等环节，它们共同构成了产业的价值链。由于生产资料稀缺性限制和制造企业不是在所有的生产环节都具有竞争优势，因而企业不可能专注于所有的价值环节。制造企业可以部分外包或全部劣势环节，专注于具有竞争优势的核心环节。重新整合有限的资源，优化资源配置，实现规模经济，从而提升制造企业的核心竞争力。

随着我国电子商务的兴起，越来越多的生产企业充当起零售商的角色，直接把产品销售给消费者。产品的销售价格和出厂价格差额全部由生产企业获得，企业经济效益增加。在把商品直接销售给消费者的过程中需要投入大量的运输服务，如果生产企业把部分生产要素转移到并不具有竞争优势的运输环节中，会降低企业的生产效率和经济效益。把运输环节外包给第三方物流公司，生产企业在获得专业化运输服务的同时，可以专注于生产效率和产品质量的提升。我国的制造企业绝大部分属于中小企业，研究显示中小企业的研发创新能力较弱，近几年在国家政策倡导鼓励下，企业的自主研发能力增强，但是还有很大的提升空间。在研发创新能力逐渐增强的过程中，可以通过购买专利来满足生产需求。由于资源稀缺性，企业生产中所需要的服务要素由专门的服务企业提供，不仅可以获得更加专业化的生产性服务，而且可以重新整合生产要素，专注于企业的优势环节，提升企业的竞争力。

虽然贸易自由化程度加深但并不能实现完全自由化，尤其是有些生产性服务涉及国家或企业的安全问题，服务贸易总协定（GATS）中关于自由化方面有许多保留条款。目前来看，我国生产性服务业产出水平远远高于进口规模，但是我国生产性服务业起步较晚，相对于发达国家还不成熟，专业化程度有待进一步提高。我国制造业转型升级进程中要大力促进高端制造业发展，实现从制造业大国向制造业强国的转变。发达国家的高端制造业发达，生产性服务企业或制造企业的生产性服务部门对制造业生产中所需要的生产性服务产品特点更加了解。在我国大力促进高端制造业发展、中低端制造业转型的关键阶段，进口生产性服务可以使制造企业专注于具有竞争优势的生产环节，通过优化资源配置和改善生产模式，实现制造业转型升级。

### 2.2.2　满足制造业生产的多样化需求

我国经济正在由高速发展向高质量发展转变，人们生活水平提高，消费观念发生很大变化。在经济新常态下，我国经济的主要矛盾之一是消费者多样化需求与供给之间的矛盾，消费者的需求由满足生活必需的单一标准，转为满足物质、精神等的多样化需求。我国居民的购买力快速提升，但是国内供给的产品数量和种类不能满足多样化的需求。

制造业转型升级的一大特点是由"工业制造"转为"服务制造"，这是一种制造与服务相融合的新型制造模式。随着我国人均收入水平的增加，人们的消费观念发生很大变化，对产品异质性的要求越来越高。服务型制造产品可以结合消费者的需要，生产具有针对性的产品，满足其多样化需求。在服务型制造中，生产性服务融于生产的各个环节，制造业生产所需要的生产性服务产品质量和数量会大幅度增加。我国生产性服务业在 GDP 中的比重不到 30%，不足美国、德国等发达国家比重的一半。发达国家的制造业生产服务化程度高于我国，生产性服务要素与制造业的契合度较高。从发达国家进口品种繁多、专业化的生产性服务来看，可以满足我国"服务制造"对生产性服务的需求，提高产品质量和异质性，推进制造业转型升级。

### 2.2.3　通过技术溢出和规模经济效应对制造业产生影响

技术溢出是指跨国公司通过对外直接投资实现技术转移内部化，通过技术转移为东道国带来正的外部性，为东道国企业带来外部经济。Coe 和 Help-man（1995）较早用规范的方法研究进口贸易的溢出效应。Jakob（2006）研究发现进口贸易的技术溢出效应给 OECD 国家的全要素生产率（TFP）带来 200% 的增长。Evenett 和 Keller（2002）利用局部均衡框架研究发现，发展中国家通过进口发达国家先进的中间制成品可以获得技术扩散。对外直接投资主要有资金和技术两种方式引进，进口的生产性服务投入增加，为进口国的制造企业提供更多的"干中学"机会，激励企业研发创新动力，优化生产模式和生产技术。此外，生产性服务中间投入具有较强的产业关联性，上下游企业同样可以获得技术扩散，对整体经济都有技术进步效应。

制造企业的生产活动包括多个环节，主要由购入原材料、生产、销售、售后等基础活动和财务计划、人力资源管理、研究开发、采购等支持性活动构成。制造企业不可能在每个环节都具备比较优势，可以把不具有比较优势的服务外包，专注于企业的优势环节，实现资源的有效配置，从而使制造企业和整个行业获得规模经济效应。随着市场开放程度的扩大，服务外包既可以由国内提供又可以从国外进口，从具有比较优势的国家进口生产性服务要素，满足制造企业低成本、高质量、多样化的中间投入需求。进口的生产性服务要素直接作为中间投入品为制造业带来规模经济效应的同时，生产性服务的技术外溢效应可以使东道国生产性服务企业获得专业技术，增强生产性服务的专业化程度，提升产品的技术含量和产出效率，即实现规模报酬递增。生产性服务进口贸易可以直接和间接地为制造企业提供低成本、高质量、多样化的中间投入，产生规模经济效应，推进制造业转型升级。

### 2.2.4　提升我国制造业在全球价值链中的分工地位

随着国际分工程度的加深，跨国公司把产品的价值链分割为研发、设计、原材料采购、零部件生产、加工、组装、配送、销售、售后等若干独立环节，并且根据国家间的比较优势和成本差异，把不同的环节配置在全球范围内的不同国家和地区来完成产品价值增值环节，这种国际分工被称为全球价值链分工。在全球价值链分工体系下，大量的生产原材料和中间产品从各个分工国家进口和出口，一国的出口可以分解为国内价值增值和进口的价值增值两部分。我国制造业主要参与全球价值链分工中的加工、组装等生产附加值较低的环节，全球价值链分工地位较低。许多发达国家通过向微笑曲线两端的高附加值环节升级，成功实现制造业转型升级。提高制造业中间投入中进口的生产性服务规模，可以从三个方面提升我国制造业在全球价值链中的地位。首先，生产性服务中间投入可以推动制造企业的研发创新活动，提升售后服务水平，使制造企业向价值链两端延伸。其次，生产性服务属于知识技术密集型产品，进口生产性服务提高了我国中间服务产品的数量和种类，为我国制造企业生产提供技术含量更高的中间服务投入，可以有效提升制造业产品质量和出口产品质量，促进出口结构和出口产品的升级。最后，我国制造业生产中进口的生产性服务投入增加，可以提高其他国家中间投入对我国制造业产品的需求，即提高其他国家中间投入品中我国制造业产品的数量，加深我国制造业的全球价值链参与度，进而提升我国制造业的国际分工地位。

# 第3章 我国生产性服务进口特征和制造业发展现状

20世纪80年代以来，随着我国改革开放程度不断加深，国内经济和对外贸易规模快速增长。除1984年以外，中国服务贸易在1992年以前一直处于顺差状态，1992年以后一直处于逆差状态。中国服务贸易逆差的主要原因在于，随着中国市场开放范围的扩大，进口和出口贸易规模都快速增长，由于中国服务贸易国际竞争力较弱，进口规模增长速度远远高于出口。1992年，我国服务贸易进口总额的增长率达到128.93%，出口总额增长了32.53%。总体来看，我国生产性服务贸易也处于逆差状态，2006~2020年，其中2007年、2008年和2020年处于顺差，其他年份均为逆差状态。我国生产性服务起步较晚、发展滞后，生产性服务进口贸易弥补了国内市场供给水平和结构的不足，满足制造企业生产多样化需求。本章将从总体和分行业的角度定性分析我国生产性服务进口和制造业的发展现状。

# 3.1 生产性服务进口总量特征

GATS 以服务贸易的四种提供方式定义服务贸易，包括跨境交付、境外消费、商业存在、自然人流动。由于服务贸易的特殊性，基于国际收支平衡表经常项目统计的跨境服务贸易只包括跨境交付、境外消费和自然人流动三种提供方式。商业存在，即服务业直接投资，包含在外国附属机构服务贸易统计中。所以生产性服务进口包括跨境贸易和 FDI 两种形式。

### 3.1.1 跨境贸易进口总量特征

本书采用联合国贸发会议对服务贸易的统计标准，按照联合国贸发会议的统计方式生产性服务贸易包括与货物有关的服务、运输服务、金融服务、知识产权使用费、通信计算机和信息服务、其他商业服务六大类。

2006~2020 年我国生产性服务进口总量整体呈增长趋势。2005 年进口总量为 8038.60 亿元，到 2020 年进口总量增长到 26285.93 亿元，年均增长率为 8.07%。图 3-1 为我国 2006~2020 年生产性服务跨境贸易进口总量变化趋势，由图可知，2005~2008 年进口总量持续增长，受国际金融危机的冲击，2009 年和 2010 年进口总量大幅度下降。金融危机缓解后进口总量又呈增长趋势，2011 年较 2010 年增长了 75.16%，但之后几年增长速度放缓，到 2015 年又出现短暂下滑趋势。2016 年以来呈稳定增长趋势，到 2020 年由于新冠疫情暴发，进口总量几乎与 2019 年持平。

我国生产性服务进口总量在服务贸易中的比重呈下降趋势，2005 年的比重为 64.47%，到 2019 年下降到 44.36%，2020 年比重又上升到 58.46%。生

（亿元）

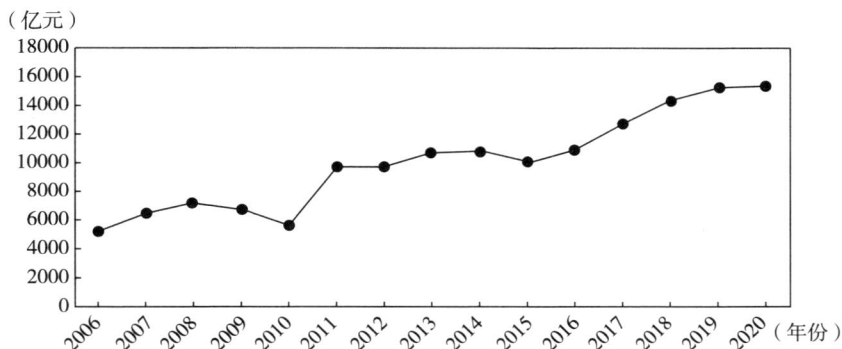

**图 3-1　2006~2020 年跨境贸易进口总量变动趋势**

资料来源：根据联合国贸发会议数据整理所得。

产性服务贸易进口比重下降的主要原因是生产性服务贸易进口和出口总量的变动趋势相同，但服务贸易的进口总量增长速度远远高于出口总量的增长速度，2020 年服务贸易进口总量下降幅度较大，生产性服务贸易进口与 2019 年基本持平，因此，在 2020 年生产性服务进口总量在服务贸易中的比重呈上升趋势。我国生产性服务虽然起步较晚，但发展速度较快，国际竞争力逐渐增强。

图 3-2 是服务贸易进出口总量和生产性服务进出口总量，左侧数据为服务贸易进出口总量，右侧数据为生产性服务贸易进出口总量。由图 3-2 可知，我国服务贸易和生产性服务贸易都处于逆差状态，前者的增长速度远远大于后者。2006 年生产性服务贸易与服务贸易的进出口总额和逆差额之比分别为 62.13% 和 131.65%；2020 年生产性服务贸易在服务贸易中的占比增长到 68.48%，从顺逆差状态来看，生产性服务贸易转为顺差，服务贸易仍为逆差状态。生产性服务贸易的进口和出口增长速度较为稳定。

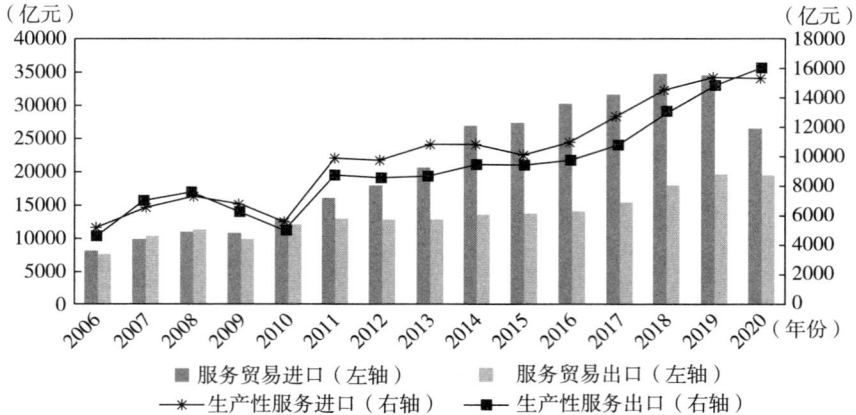

**图 3-2 2006~2020 年服务贸易进出口总量和生产性服务进出口总量**

资料来源：根据联合国贸发会议数据整理所得。

### 3.1.2 生产性服务业 FDI 总量特征

我国生产性服务业的统计标准是以《国民经济行业分类》为基础，根据《国务院关于加快发展生产性服务业促进产业结构调整升级的指导意见》《国务院关于印发服务业发展"十二五"规划的通知》的要求确定。生产性服务业包括交通运输、仓储和邮政业，金融业，科学研究、技术服务和勘探业，信息传输、计算机服务和软件业，租赁和商务服务业五个服务业部门。表 3-1 中是 2006~2020 年我国生产性服务跨境贸易进出口总额和生产性服务业 FDI 实际使用金额及比重。由表 3-1 可以看出，与进口比重变动趋势相反，生产性服务出口总额在服务贸易中的比重呈增长趋势。生产性服务业 FDI 的实际使用金额呈单调递增趋势，2020 年的增长率最大，达到 25.69%。生产性服务业 FDI 在服务业 FDI 中的比重呈波动上升趋势，2007 年、2010 年、2013 年、2018 年和 2019 年呈下降趋势，其余年份呈增长趋势，其中 2015 年的占比增长幅度最大。

表 3-1　2006~2020 年生产性服务进出口总量与占比

| 类别<br>年份 | 跨境贸易 | | | | | | FDI | |
|---|---|---|---|---|---|---|---|---|
| | 进口 | | 出口 | | 进出口 | | 实际使用<br>金额<br>(亿元) | 占比<br>(%) |
| | 总量<br>(亿元) | 占比(%) | 总量<br>(亿元) | 占比(%) | 总量<br>(亿元) | 占比(%) | | |
| 2006 | 5182.23 | 64.47 | 4472.02 | 59.63 | 9654.25 | 62.13 | 1671.95 | 32.65 |
| 2007 | 6521.19 | 65.90 | 6914.85 | 67.20 | 13436.04 | 66.57 | 660.39 | 28.03 |
| 2008 | 7258.46 | 65.75 | 7617.18 | 67.16 | 14875.64 | 66.46 | 886.41 | 33.63 |
| 2009 | 6620.81 | 60.99 | 6269.90 | 63.93 | 12890.71 | 62.38 | 886.81 | 33.70 |
| 2010 | 5541.99 | 42.33 | 4878.10 | 40.41 | 10420.09 | 41.41 | 1012.11 | 29.92 |
| 2011 | 9709.45 | 60.65 | 8652.47 | 66.63 | 18361.92 | 63.33 | 1203.92 | 32.00 |
| 2012 | 9689.75 | 54.57 | 8512.85 | 66.90 | 18202.60 | 59.72 | 1278.78 | 35.42 |
| 2013 | 10780.87 | 52.65 | 8627.62 | 67.30 | 19408.50 | 58.29 | 1395.96 | 34.04 |
| 2014 | 10769.25 | 40.50 | 9456.16 | 70.25 | 20225.41 | 50.50 | 1666.75 | 36.62 |
| 2015 | 10106.14 | 37.25 | 9357.61 | 68.72 | 19463.75 | 47.77 | 2339.99 | 46.30 |
| 2016 | 10944.72 | 36.45 | 9718.08 | 69.83 | 20662.80 | 47.02 | 3086.85 | 55.40 |
| 2017 | 12667.39 | 40.12 | 10725.77 | 69.65 | 23393.16 | 49.80 | 3916.73 | 65.17 |
| 2018 | 14551.93 | 41.87 | 13069.17 | 72.76 | 27621.09 | 52.40 | 3234.95 | 56.94 |
| 2019 | 15322.81 | 44.36 | 14710.57 | 75.30 | 30033.38 | 55.54 | 3722.17 | 56.63 |
| 2020 | 15367.65 | 58.46 | 15887.86 | 82.08 | 31255.51 | 68.48 | 4678.44 | 63.27 |

资料来源：根据历年《中国统计年鉴》和联合国贸发会议数据整理所得。

# 3.2　分行业分析生产性服务进口特征

　　以上分析了生产性服务跨境贸易和 FDI 的总体特征，接下来具体分析各行业的差异性。

### 3.2.1 分行业分析生产性服务跨境贸易

运输服务是我国主要的生产性服务进口部门，在生产性服务进口总量中的比重约为 50%。2006~2020 年运输服务进口呈波动上升趋势，进口总额增长了 1.38 倍。知识产权使用费和通信、计算机和信息服务进口呈直线上升趋势，2006~2020 年年均增长速度分别为 12.03% 和 18.98%。金融服务进口波动较大，2007 年、2008 年、2011 年、2015 年、2016 年和 2017 年进口规模下降，2010 年、2012 年和 2013 年进口增长率较高，分别为 113.77%、151.99% 和 88.02%，这与全球经济波动有关。与货物有关的服务在生产性服务进口总量中的比重最小，但增长速度最快，2020 年的进口总量是 2006 年的 667.8 倍。图 3-3 是我国 2006~2020 年不同类型的生产性服务部门进口变动趋势。

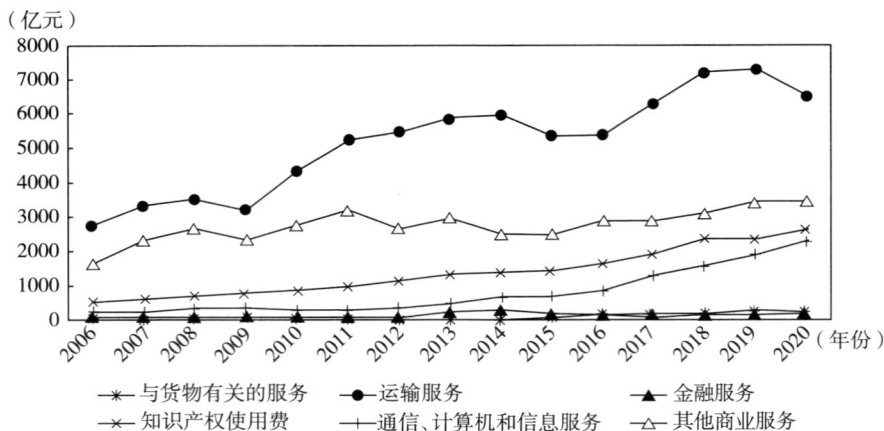

图 3-3　2006~2020 年不同类型生产性服务部门进口总量

资料来源：根据联合国贸发会议数据整理所得。

### 3.2.2 分行业分析生产性服务业 FDI

2006~2020 年我国各生产性服务业实际使用外资金额总体呈上升趋势，使用金额从大到小依次为租赁和商务服务业，交通运输、仓储和邮政业，科学研究、技术服务和地质勘查业，信息传输、计算机服务和软件业，金融业。2014 年以前租赁和商务服务业 FDI 规模最大，2015 年金融业 FDI 迅速增长，成为实际使用外资金额最大的生产性服务业部门，2017 年信息传输、计算机服务和软件业 FDI 迅速增长，成为实际使用外资金额最大的生产性服务业部门，之后又大幅度下降，租赁和商业服务业仍然是实际使用外资金额最大的生产性服务业部门。2014 年以前信息传输、计算机服务和软件业 FDI 的规模排在第三位，2015 年以后波动幅度较大，2018 年以后成为实际使用外资金额最小的生产性服务业部门。在生产性服务业 FDI 中，2006 年金融业 FDI 的规模最小，但增长速度最快，2006~2020 年年均增长率达到 15.35%（见图 3-4）。

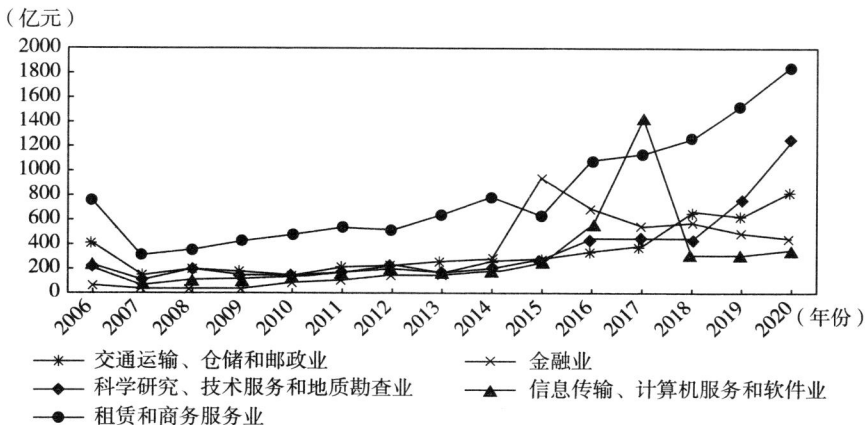

**图 3-4　2006~2020 年生产性服务业 FDI**

资料来源：根据历年《中国统计年鉴》数据整理所得。

# 3.3  我国生产性服务进口技术复杂度测算

Hausmann 等（2005）构建了衡量出口商品技术水平的 PRODY 指数和衡量一国总体出口商品技术水平的 EXPY 指数。Cui 和 Syed（2007）运用 PRODY 和 EXPY 指数研究中国的进口和出口商品结构，发现进口和出口商品复杂度都提高了，并且进口复杂度高于出口。现有文献多采用产品的出口复杂度来间接衡量进口复杂度（陈健，2013；戴翔，2013），本书采用戴翔（2013）构建的服务贸易分行业进口复杂度指标（Import Technical Sophistication），衡量一国的生产性服务贸易进口复杂度（TS）。计算公式如下：

$$ITS_k = \sum_j \frac{x_{jk}/X_j}{\sum_j x_{jk}/X_j} Y_j \tag{3-1}$$

式中，$ITS_k$ 表示 k 服务的出口技术复杂度，$x_{jk}$ 表示 j 国 k 服务出口，$X_j$ 表示 j 国生产性服务出口总额，$Y_j$ 表示 j 国人均 GDP。

在计算出生产性服务贸易各分行业的出口技术复杂度后，可以进一步计算得到一国生产性服务进口技术复杂度（TS）。计算式如下：

$$TS_j = \sum_k \frac{m_{jk}}{M_j} ITS_k \tag{3-2}$$

式中，$TS_j$ 表示 j 国生产性服务进口技术复杂度，$m_{jk}$ 表示 j 国 k 服务的进口，$M_j$ 表示 j 国生产性服务进口总额。

利用式（3-1）和式（3-2）可以测算出世界各生产性服务部门的进口技术复杂度和一国生产性服务贸易进口技术复杂度。首先根据式（3-1）计算世界各生产性服务贸易部门的进口技术复杂度（ITS）。在计算 ITS 指数时，本书选取了世界服务贸易排名前 40 的国家，2022 年这 40 个国家的生产性服务贸易出口总额达到世界出口总额的 90%，可以代表世界生产性服务贸易的技术复杂度。如表 3-2 所示，金融服务、知识产权使用费等新兴生产性服务部门的技术复杂度较高，与货物有关的服务、运输服务等传统生产性服务部门的技术复杂度相对较低。各生产性服务部门的进口技术复杂度变化趋势大致相同，2008 年以前稳步增加，2008 年和 2009 年大幅度下降，2010 年以后各部门总体又呈现增长趋势，2012 年又呈下降趋势，如此反复呈波动上升趋势。ITS 并不能准确衡量各服务部门技术复杂度的具体值，主要作用为比较各服务部门技术复杂度的高低。

表 3-2　世界各生产性服务部门的技术复杂度

| 部门<br>年份 | 与货物有关的<br>服务 | 运输服务 | 金融服务 | 知识产权<br>使用费 | 通信计算机和<br>信息服务 | 其他商业<br>服务 |
|---|---|---|---|---|---|---|
| 2006 | 18010.39 | 27340.40 | 50398.51 | 41456.54 | 27901.00 | 25628.39 |
| 2007 | 22477.94 | 30723.91 | 55418.61 | 45065.94 | 31540.47 | 28559.93 |
| 2008 | 27097.08 | 32762.16 | 58944.17 | 47729.02 | 38350.24 | 33213.34 |
| 2009 | 25385.43 | 28819.28 | 51388.62 | 44646.66 | 34252.22 | 29599.90 |
| 2010 | 25623.38 | 30572.04 | 53232.41 | 47067.16 | 34541.88 | 33185.70 |
| 2011 | 31172.73 | 33982.00 | 60175.70 | 51937.09 | 38371.79 | 35253.43 |
| 2012 | 29209.89 | 33229.20 | 56773.18 | 50503.50 | 35824.23 | 34637.48 |
| 2013 | 30383.98 | 33922.13 | 58431.89 | 50695.30 | 37263.73 | 35486.67 |
| 2014 | 31087.90 | 33648.60 | 60347.33 | 51281.11 | 38488.42 | 35599.70 |
| 2015 | 28152.01 | 29080.55 | 54543.19 | 46414.09 | 36054.64 | 32316.64 |
| 2016 | 27105.60 | 28971.99 | 53948.90 | 47356.34 | 35992.51 | 33324.68 |
| 2017 | 28743.31 | 30740.31 | 55841.90 | 48443.62 | 38572.43 | 35462.97 |
| 2018 | 31467.72 | 32933.22 | 59662.88 | 51518.23 | 41277.53 | 37831.47 |
| 2019 | 31808.89 | 31966.35 | 57756.95 | 50743.49 | 40913.72 | 37522.34 |
| 2020 | 30203.16 | 31089.17 | 54884.66 | 49375.18 | 40390.47 | 36526.94 |

资料来源：根据联合国贸发会议数据整理所得。

在计算出世界各生产性服务部门的技术复杂度后，根据式（3-2）进一步计算我国生产性服务贸易各部门和总体的进口技术复杂度，如图3-5和图3-6所示。2006~2020年我国进口的不同类型生产性服务中，运输服务的技术复杂度最高，与货物有关的服务技术复杂度最低。知识产权使用费与通信、计算机和信息服务的技术复杂度提升，运输服务和金融服务略有波动，但整体变动趋势不明显，技术、知识密集型产品在我国生产性服务进口结构中的比重增加。

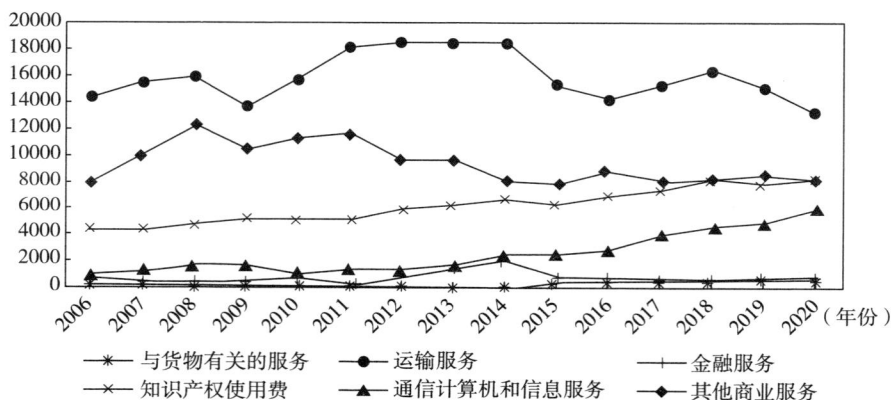

**图3-5　2006~2020年我国不同类别生产性服务进口技术复杂度**

资料来源：根据联合国贸发会议数据整理所得。

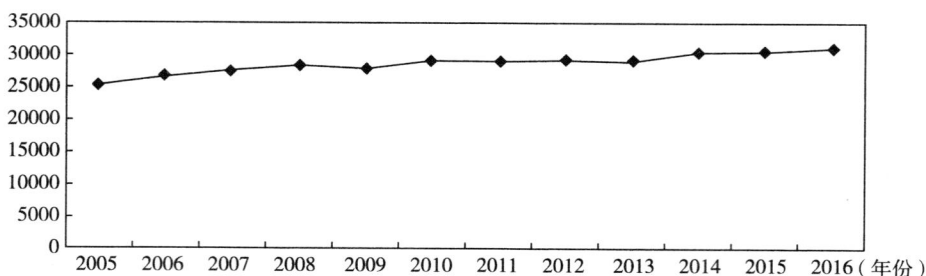

**图3-6　2005~2016年我国生产性服务贸易进口技术复杂度**

资料来源：根据联合国贸发会议数据整理所得。

2006~2020 年我国生产性服务贸易进口技术复杂度波动提升,年均增长率为 1.88%。生产性服务进口的技术结构和技术水平都明显优化,为我国制造业转型升级奠定了基础。

# 3.4 我国制造业发展现状

改革开放以来,我国制造业持续快速发展,是我国经济发展的主要推动力。加入世界贸易组织(WTO)以后,我国凭借劳动力成本优势融入全球分工体系,发展成为世界工厂,我国制造的产品分布在世界的各个角落。经过几十年的快速发展,我国经济进入新常态,制造业的传统竞争优势逐渐消失。随着智能化经济的到来,新一轮的科技革命和产业革命悄然兴起。传统增长模式已经不能保障我国制造业可持续发展和维持竞争优势,转型升级任务紧迫和艰巨。

制造业转型升级必须要找准方向,结合制造业实际发展现状和发展目标制定最佳战略,所以,必须要了解我国制造业总体和各行业的发展现状。

## 3.4.1 制造业总体现状分析

2006~2020 年制造业产出增长了 2.48 倍,年均增速达到 9.32%,是我国经济增长的主要驱动力。虽然制造业增长速度仍然保持较高水平,但下降趋势明显,2020 年的增长率是 2006 年的 0.07 倍。2005~2011 年制造业的增长率高于 GDP 增长率,2011 年以后低于 GDP 增长率,制造业拉低了 GDP 增长速度。

图 3-7 中为 2006~2020 年我国规模以上制造企业的销售产值和利润总额

的变动趋势，左侧纵坐标为制造业销售产值和利润总额，右侧纵坐标为产值和利润的增长率。根据图3-7可知，产值和利润都呈递增趋势，两者之间的差距越来越大。产值和利润的增长率都呈下降趋势，产值和利润增长率都在2007年达到最大值，分别是28.74%和53.15%。2010年以前利润增长率明显高于产值，2011年以后利润增长率急剧下降，2011年以后整体来看低于产值增长率。制造业产值和利润虽然都呈增长趋势，但2010年以后增长速度均减慢，利润增长率下降更快。

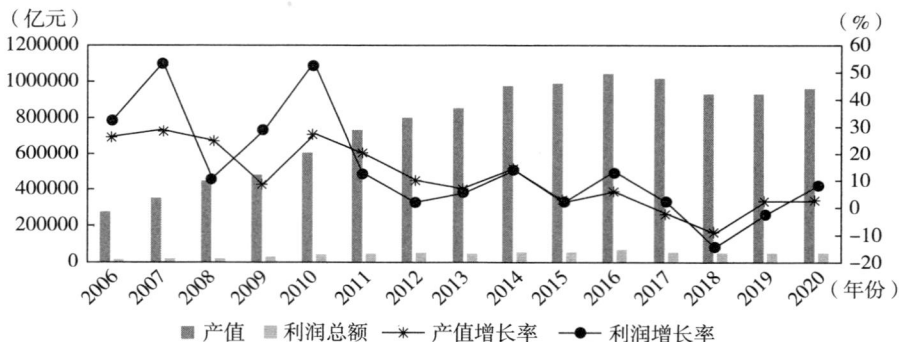

**图3-7  2006~2020年制造业产值和利润变动趋势**

资料来源：根据历年《中国统计年鉴》数据整理所得。

图3-8为2006~2020年我国规模以上制造业企业固定资产、劳动力和研发投入，左侧纵坐标是固定资产投资和研发投入，单位是亿元，右侧纵坐标是就业人员，单位是万人。由图可知，固定资产投资呈单调递增趋势，15年间增长了2.86倍，年均增长率为10.12%。研发投入也呈递增趋势，15年间增长了8.49倍，年均增速为17.44%。2013年以前就业人员整体呈递增趋势，2014年以后呈下降趋势，到2018年以后就业人员数量逐渐平稳。劳动力低成本优势是我国制造业迅速扩张的主要原因，随着我国经济由高速增长进入

高质量增长，劳动力红利逐渐消失，制造业生产中投入的劳动要素逐渐下降。由制造业产值、利润总额和主要投入要素变化趋势可知，随着制造业的固定资产投资和研发投入规模逐渐扩大，产值和利润都呈增大趋势但增长率逐渐降低。这说明生产规模对产出的促进效应减弱，研发投入作为增强制造业核心竞争力的主要因素并没有完全发挥作用，研发投入转化为生产力的能力较弱。

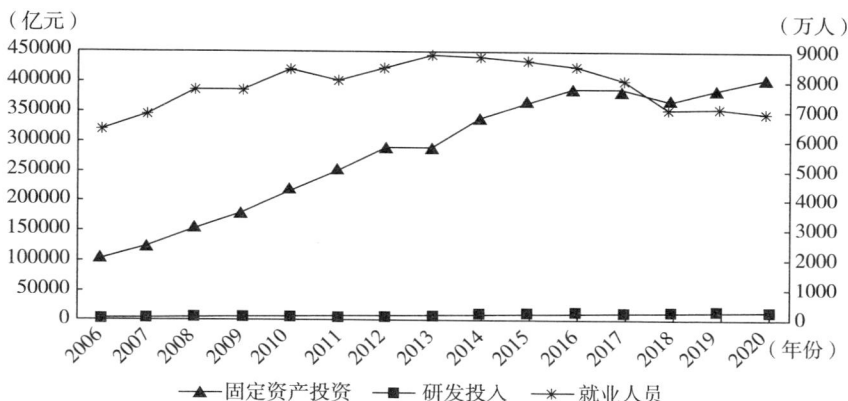

图 3-8　2006~2020 年制造企业主要生产要素投入

资料来源：根据历年《中国统计年鉴》数据整理所得。

以上分析了规模以上制造业企业销售产值、利润总额和固定资产投资、就业人员、研发投入的变动趋势，这些变动趋势导致制造业结构发生很大改变，接下来从行业的角度分析制造业的发展特征。

### 3.4.2　分行业分析制造业发展现状

我国《国民经济分类》中的 C 类为制造业，包括 31 个行业门类，根据研究需要和数据可得性，本书把第 36 类汽车制造业和 37 类铁路、船舶、航空航天和其他运输设备制造业合并为交通运输设备制造业，排除第 42 类废弃资源综合利用业和第 43 类金属制品、机械和设备修理业。本书中的制造行业包括农副食品加工业、食品制造业、酒饮料和精制茶制造业、烟草制造业、纺织业、纺织服装服饰业、皮革皮毛羽毛及其制品和制鞋业、木材加工和木藤棕草制品业、家具制造业、造纸和纸制品业、印刷和记录媒介复制业、文教工美体育和娱乐用品制造业、石油加工炼焦和核燃料加工业、化学原料和化学原料制造业、医药制造业、化学纤维制造业、橡胶和塑料制品业、非金属矿物制品业、黑色金属冶炼和压延加工业、有色金属冶炼和压延加工业、金属制品业、通用设备制造业、专用设备制造业、交通运输设备制造业、电气机械和器材制造业、计算机通信和其他电子设备制造业、仪器仪表制造业以及其他制造业，总共 28 个制造行业。

本书以产成品代替产出计算制造行业的权重。分别根据投入产出表和产成品分析制造业结构，发现以产出和产成品核算结果差别不大，比如，烟草制品业的比重为 0.87% 和 0.76%，纺织服装服饰业的比重为 2.61% 和 2.85%，造纸和纸制品业的比重为 1.53% 和 1.56%，黑色金属冶炼和压延加工业的比重为 8.62% 和 8.54%，交通运输设备制造业的比重为 7.95% 和 7.54%。因此以产成品代替产出计算制造行业的权重具有一定合理性。

张其仔和李蕾（2017）借助模糊 C 均值聚类法把制造业划分为劳动密集型产业、资本密集型产业和技术密集型产业，本书借助这种分类方式划分制造业产业类型。表 3-3 中列出了每种类型中包括的具体产业。由表可知，劳动密集型的行业数量最多，资本密集型的行业数量最少。

表 3-3 行业类型分类

| 产业类型 | 具体行业 |
| --- | --- |
| 劳动密集型产业 | 农副食品加工业、食品制造业、酒饮料和精制茶制造业、纺织业、纺织服装服饰业、皮革皮毛羽毛及其制品和制鞋业、木材加工和木竹藤棕草制品业、家具制造业、造纸和纸制品业、印刷和记录媒介复制业、文教工美体育和娱乐用品制造业、橡胶和塑料制品业、非金属矿物制品业、金属制品业 |

| 产业类型 | 具体行业 |
|---|---|
| 资本密集型产业 | 烟草制造业、石油加工炼焦和核燃料加工业、化学原料和化学原料制造业、化学纤维制造业、黑色金属冶炼和压延加工业、有色金属冶炼和压延加工业 |
| 技术密集型产业 | 医药制造业、通用设备制造业、专用设备制造业、交通运输设备制造业、电气机械和器材制造业、计算机通信和其他电子设备制造业、仪器仪表制造业、其他制造业 |

由表 3-4 可以发现，三种产业类型在制造业中所占比重从大到小依次为技术密集型产业、劳动密集型产业以及资本密集型产业。对比 2020 年与 2006 年制造业结构可以发现，劳动密集型产业产出比重最小，资本密集型产业产出比重在 2006 年最大，到 2020 年技术密集型产业产出比重最大，劳动密集型和资本密集型产业比重下降，技术密集型产业比重上升。虽然三种产业类型的比重在观察期的初期和末期变动不大，但 15 年间波动较大。劳动密集型产业产出比重在 2006~2008 年、2010~2011 年、2014 年以及 2015 年以后都呈下降趋势，在 2010 年下降幅度最大，达到 1.69%。资本密集型产业产出比重在 2009 年、2013~2016 年和 2018 年以后呈下降趋势，虽然比重呈下降趋势的年份相对劳动密集型产业较少，但每年下降幅度较大并且呈增加趋势。技术密集型产业在 2007~2008 年和 2011~2012 年呈下降趋势，2013 年以后呈递增趋势，并且增长幅度逐渐增大。从三种产业类型的变动趋势可以看出，劳动密集型产业的优势逐渐减弱，技术密集型产业的优势逐渐增强。

表 3-4　2006~2020 年三种产业类型的产出和投资比重　　单位：%

| 产业<br>年份 | 劳动密集型 | | 资本密集型 | | 技术密集型 | |
|---|---|---|---|---|---|---|
| | 产出 | 投资 | 产出 | 投资 | 产出 | 投资 |
| 2006 | 29.16 | 33.73 | 36.78 | 36.22 | 34.06 | 30.05 |
| 2007 | 29.28 | 33.43 | 36.80 | 35.81 | 33.92 | 30.76 |
| 2008 | 29.55 | 33.52 | 37.20 | 34.68 | 33.25 | 31.80 |

| 产业 年份 | 劳动密集型 | | 资本密集型 | | 技术密集型 | |
|---|---|---|---|---|---|---|
| | 产出 | 投资 | 产出 | 投资 | 产出 | 投资 |
| 2009 | 30.85 | 33.05 | 34.74 | 35.51 | 34.41 | 31.45 |
| 2010 | 30.18 | 32.37 | 35.34 | 35.18 | 34.48 | 32.45 |
| 2011 | 29.77 | 32.51 | 36.75 | 34.98 | 33.48 | 32.51 |
| 2012 | 31.34 | 33.84 | 37.10 | 35.08 | 31.56 | 31.08 |
| 2013 | 33.33 | 32.14 | 37.86 | 34.85 | 28.82 | 33.01 |
| 2014 | 32.38 | 33.02 | 35.11 | 33.93 | 32.51 | 33.06 |
| 2015 | 33.47 | 32.61 | 32.76 | 33.32 | 33.77 | 34.08 |
| 2016 | 33.61 | 32.11 | 31.80 | 32.39 | 34.60 | 35.50 |
| 2017 | 31.56 | 30.93 | 32.95 | 32.26 | 35.49 | 36.82 |
| 2018 | 28.70 | 29.29 | 35.65 | 32.09 | 35.65 | 38.62 |
| 2019 | 28.98 | 28.09 | 35.01 | 32.38 | 36.01 | 39.53 |
| 2020 | 28.59 | 27.47 | 33.29 | 31.59 | 38.12 | 40.94 |

资料来源：根据历年《中国统计年鉴》数据整理所得。

以固定资产投资作为权重分析制造业的投资结构，如表3-4中第三、第五和第七列所示。劳动密集型产业和资本密集型的投资比重呈下降趋势，技术密集型产业投资比重上升。对比产出和投资比重可以发现，劳动密集型产业的附加值较低，投资和产出比重下降；技术密集型的产出和投资比重都增加，但产出的增长幅度小于投资，我国技术密集型产业处于发展初期没有达到规模经济；资本密集型产业的产出和投资比重都下降，投资比重下降更快，结合我国制造业存在产能过剩、资源浪费等情况可知，不能再依靠规模扩张发展资本密集型产业。我国出口的制造业产品中技术密集型产业的产品达到50%以上，劳动密集型产业的出口比重最小。虽然劳动密集型产业的出口规模很大，由于劳动密集型产品的价格和附加值较低，制造企业出口获得的收益较少。

以上把制造业分为劳动、资本和技术密集型产业分析了制造业的投资、产出和出口结构，接下来以 28 个制造行业为研究对象分析制造业结构特征。首先使用周昌林和魏建良（2007）提出的产业结构水平指标来衡量我国制造业结构水平。计算公式为：

$$H = \sum_i K_i \sqrt{\frac{p_i}{l_i}} \qquad\qquad (3-3)$$

式中，H 为产业结构水平；$K_i$ 为 i 产业产值在 GDP 中的比重；$p_i$ 为 i 产业产值；$l_i$ 为 i 产业的劳动投入；$\frac{p_i}{l_i}$ 为劳动生产率，是产业水平的集中体现，为了提高产业水平对劳动生产率变化的敏感性，对劳动生产率开方。

由于资本报酬率也是产业水平的集中体现，所以本书在式（3-3）中加入资本报酬率。由于数据的可得性，以产成品为权重，$p_i$ 也由 28 个制造行业的产成品来替代。修正后的公式如下：

$$H = \sum_i M_i \sqrt{\frac{p_i}{l_i}} \sqrt{\frac{\pi_i}{k_i}} \qquad\qquad (3-4)$$

式中，H 为制造业结构水平；$M_i$ 为 i 制造行业的权重；$\sqrt{\frac{p_i}{l_i}}$ 为 i 制造行业的劳动生产率；$\sqrt{\frac{\pi_i}{k_i}}$ 为 i 制造行业的资本报酬率；$\pi_i$ 为 i 制造行业的利润总额；$k_i$ 为 i 制造行业的固定资本投入。

根据式（3-4）和收集到的数据计算我国制造业总体和各行业的结构水平指数。表 3-5 中的第二行为制造业总体结构水平指数，2005~2015 年我国制造业结构水平指数增加，年均增长率为 7.40%，制造业结构逐渐优化。其中交通运输设备制造业、电气机械和器材制造业、农副食品加工业、化学原料和化学制品制造业、计算机通信和其他电子设备制造业以及通用设备制造业的结构水平指数较高。从结构水平指数变动趋势来看，文教工美体育和娱乐用品制造业、烟草制造业、木材加工和木竹藤棕草制品业、酒饮料和精制茶制造业、医药制造业以及化学纤维制造业等行业的结构水平指数增长速度较快；黑色金属冶炼和压延加工业、其他制造业的结构水平指数下降；造纸和印刷制品业、计算机通信和其他电子设备制造业、皮革毛皮羽毛及其制品业和制鞋业以及纺织业等行业的结构水平指数变化不大。从制造业总体和各行业的结构指数水平变化趋势可以看出，技术密集型产业的结构水平指数提高、资源密集型产业的结构水平指数下降、劳动密集型产业的结构水平指数基本不变，我国制造业总体结构逐渐优化（见表3-6）。

表3-5  2006~2020年我国制造业结构水平

| 制造行业　　　　　　　年份 | 2006 | 2008 | 2010 | 2012 | 2014 | 2016 | 2018 | 2020 |
|---|---|---|---|---|---|---|---|---|
| H | 47.94 | 42.61 | 65.94 | 73.10 | 81.88 | 89.33 | 106.96 | 111.58 |
| 农副食品加工业 | 4.10 | 4.01 | 5.06 | 6.25 | 6.49 | 6.26 | 4.74 | 6.68 |
| 食品制造业 | 0.83 | 0.84 | 1.12 | 1.36 | 1.46 | 1.63 | 1.49 | 1.74 |
| 饮料制造业 | 1.12 | 1.19 | 1.57 | 2.49 | 2.75 | 3.16 | 4.24 | 5.56 |
| 烟草制品业 | 1.09 | 1.39 | 1.74 | 4.38 | 5.50 | 3.24 | 5.13 | 2.19 |
| 纺织业 | 0.95 | 1.12 | 1.66 | 1.87 | 2.27 | 2.46 | 1.94 | 2.61 |
| 纺织服装、鞋、帽制造业 | 0.63 | 0.60 | 0.98 | 1.72 | 1.78 | 1.51 | 1.24 | 1.08 |
| 皮革、毛皮、羽毛（绒）及其制品业 | 0.21 | 0.24 | 0.33 | 0.47 | 0.69 | 0.55 | 0.57 | 0.52 |
| 木材加工及木、竹、藤、棕、草制品业 | 0.44 | 0.45 | 0.42 | 0.56 | 0.75 | 0.71 | 0.49 | 0.67 |
| 家具制造业 | 0.19 | 0.16 | 0.28 | 0.32 | 0.43 | 0.45 | 0.40 | 0.45 |
| 造纸及纸制品业 | 0.34 | 0.37 | 0.47 | 0.51 | 0.44 | 0.43 | 0.74 | 0.74 |
| 印刷业和记录媒介的复制 | 0.10 | 0.11 | 0.14 | 0.22 | 0.38 | 0.29 | 0.28 | 0.29 |
| 文教体育用品制造业 | 0.05 | 0.04 | 0.08 | 2.93 | 4.65 | 2.54 | 2.80 | 3.14 |
| 石油加工、炼焦及核燃料加工业 | -1.39 | -3.04 | 2.62 | 0.82 | 0.22 | 4.23 | 7.61 | 2.00 |
| 化学原料及化学制品制造业 | 2.99 | 2.93 | 4.00 | 5.11 | 5.07 | 4.85 | 6.75 | 5.22 |
| 医药制造业 | 1.40 | 1.88 | 2.40 | 3.86 | 4.17 | 5.02 | 7.47 | 12.41 |
| 化学纤维制造业 | 0.16 | 0.16 | 0.85 | 0.80 | 0.72 | 0.66 | 1.16 | 0.53 |
| 橡胶和塑料制品业 | 0.86 | 0.86 | 1.30 | 1.48 | 1.93 | 2.16 | 1.88 | 2.63 |

续表

| 制造行业＼年份 | 2006 | 2008 | 2010 | 2012 | 2014 | 2016 | 2018 | 2020 |
|---|---|---|---|---|---|---|---|---|
| 非金属矿物制品业 | 1.13 | 1.59 | 1.90 | 2.25 | 2.88 | 2.73 | 4.17 | 5.01 |
| 黑色金属冶炼及压延加工业 | 3.96 | 3.02 | 3.09 | 2.86 | 3.29 | 2.20 | 6.75 | 4.52 |
| 有色金属冶炼及压延加工业 | 4.53 | 1.94 | 3.37 | 5.02 | 3.23 | 3.82 | 3.05 | 2.88 |
| 金属制品业 | 1.75 | 1.45 | 1.79 | 2.35 | 2.84 | 2.96 | 2.52 | 3.62 |
| 通用设备制造业 | 4.94 | 4.20 | 4.45 | 4.58 | 5.25 | 5.53 | 6.18 | 8.16 |
| 专用设备制造业 | 3.22 | 3.05 | 4.65 | 4.86 | 4.14 | 3.96 | 5.76 | 10.09 |
| 交通运输设备制造业 | 4.91 | 5.32 | 10.24 | 6.59 | 8.10 | 11.14 | 11.59 | 10.01 |
| 电气机械及器材制造业 | 6.07 | 6.09 | 7.72 | 6.59 | 7.50 | 8.96 | 8.82 | 9.24 |
| 通信设备、计算机及其他 | 2.41 | 1.62 | 2.23 | 2.20 | 4.19 | 6.67 | 7.88 | 7.84 |
| 仪器仪表及文化、办公用 | 0.52 | 0.50 | 0.65 | 0.63 | 0.71 | 1.05 | 1.17 | 1.66 |
| 工艺品及其他制造业 | 0.43 | 0.51 | 0.83 | 0.02 | 0.05 | 0.15 | 0.14 | 0.11 |

资料来源：根据历年《中国统计年鉴》数据整理所得。

表 3-6　2006～2020 年我国制造业产成品规模　　　　单位：亿元

| 行业＼年份 | 2006 | 2008 | 2010 | 2012 | 2014 | 2016 | 2018 | 2020 |
|---|---|---|---|---|---|---|---|---|
| 1 | 1045.29 | 1045.29 | 1285.28 | 1779.68 | 2114.69 | 2156.74 | 2017.39 | 2194.48 |
| 2 | 378.13 | 378.13 | 410.40 | 529.94 | 638.50 | 715.69 | 754.38 | 800.70 |
| 3 | 381.36 | 381.36 | 431.43 | 602.64 | 797.43 | 907.04 | 916.18 | 947.12 |
| 4 | 106.29 | 106.29 | 142.60 | 229.50 | 301.24 | 281.02 | 345.68 | 215.91 |
| 5 | 1124.51 | 1124.51 | 1194.62 | 1413.75 | 1541.41 | 1488.12 | 1469.36 | 1544.42 |
| 6 | 504.15 | 504.15 | 568.91 | 861.04 | 954.90 | 1033.55 | 958.97 | 892.02 |
| 7 | 212.21 | 212.21 | 226.14 | 323.65 | 423.61 | 429.83 | 423.38 | 427.91 |
| 8 | 238.87 | 238.87 | 235.08 | 301.09 | 382.42 | 391.55 | 343.51 | 380.31 |
| 9 | 141.32 | 141.32 | 168.98 | 210.18 | 288.54 | 305.52 | 322.23 | 342.22 |
| 10 | 333.21 | 333.21 | 359.17 | 469.62 | 477.38 | 432.44 | 572.96 | 529.44 |
| 11 | 122.58 | 122.58 | 130.75 | 160.09 | 210.84 | 239.31 | 248.97 | 269.55 |
| 12 | 101.32 | 101.32 | 109.06 | 584.56 | 780.33 | 906.72 | 1007.02 | 1029.54 |
| 13 | 617.77 | 617.77 | 706 99 | 1058.21 | 1188.85 | 1064.45 | 1371.33 | 1197.52 |

| 行业\年份 | 2006 | 2008 | 2010 | 2012 | 2014 | 2016 | 2018 | 2020 |
|---|---|---|---|---|---|---|---|---|
| 14 | 1428.52 | 1428.52 | 1646.25 | 2389.24 | 2797.96 | 2772.2 | 2917.93 | 2787.52 |
| 15 | 509.90 | 509.90 | 587.01 | 877.58 | 1161.04 | 1418.58 | 1752.32 | 2286.82 |
| 16 | 185.87 | 185.87 | 229.23 | 356.78 | 380.53 | 343.70 | 478.34 | 438.24 |
| 17 | 675.15 | 675.15 | 777.82 | 947.46 | 1146.75 | 1202.42 | 1313.76 | 1363.27 |
| 18 | 1046.68 | 1046.68 | 1108.25 | 1505.83 | 1858.04 | 1989.32 | 2080.52 | 2347.39 |
| 19 | 1528.77 | 1528.77 | 1792.31 | 2574.86 | 2835.13 | 2461.06 | 2372.38 | 2406.53 |
| 20 | 756.75 | 756.75 | 958.05 | 1538.39 | 1657.20 | 1753.38 | 1784.21 | 1540.66 |
| 21 | 714.16 | 714.16 | 769.01 | 1072.09 | 1380.36 | 1450.00 | 1599.38 | 1935.02 |
| 22 | 1375.90 | 1375.90 | 1491.08 | 1801.47 | 2235.98 | 2304.12 | 2460.86 | 2786.90 |
| 23 | 943.37 | 943.37 | 1143.43 | 1528.81 | 1767.55 | 1851.98 | 2272.99 | 2773.34 |
| 24 | 1651.69 | 1651.69 | 2154.69 | 2273.77 | 2958.46 | 3688.36 | 4005.88 | 4343.29 |
| 25 | 1552.73 | 1552.73 | 1868.01 | 2405.32 | 2915.77 | 3110.04 | 3616.15 | 3704.44 |
| 26 | 1305.00 | 1305.00 | 1552.15 | 2000.45 | 2629.81 | 3462.00 | 4507.57 | 4881.82 |
| 27 | 213.88 | 213.88 | 251.95 | 293.12 | 355.59 | 407.58 | 432.96 | 528.60 |
| 28 | 252.34 | 252.34 | 301.29 | 75.06 | 112.90 | 119.08 | 104.59 | 117.52 |

注：表中1~28依次为农副食品加工业，食品制造业，酒、饮料和精制茶制造业，烟草制造业，纺织业，纺织服装服饰业，皮革、皮毛、羽毛及其制品和制鞋业，木材加工和木、藤、棕、草制品业，家具制造业，造纸和纸制品业，印刷和记录媒介复制业，文教、工美、体育和娱乐用品制造业，石油、煤炭及其他燃料加工业，化学原料和化学原料制造业，医药制造业，化学纤维制造业，橡胶和塑料制品业，非金属矿物制品业，黑色金属冶炼和压延加工业，有色金属冶炼和压延加工业，金属制品业，通用设备制造业，专用设备制造业，交通运输设备制造业，电气机械和器材制造业，计算机、通信和其他电子设备制造业，仪器仪表制造业以及其他制造业。下同。

资料来源：根据历年《中国统计年鉴》数据整理所得。

2006~2020年我国28个制造行业的产成品增长了2倍左右，其中纺织业、黑色金属冶炼及压延加工业与造纸和纸制品业增长速度较慢，分别增长了0.37倍、0.57倍和0.59倍；文教体育用品制造业、医药制造业和通信设备制造业增长速度较快，分别增长了9.16倍、3.48倍和2.74倍。表3-7是制造业2006~2020年的产出结构，由表3-7可知交通运输设备制造业、计算机通信和其他电子设备制造业、电气机械和器材制造业、化学原料和化学制

品制造业以及农副食品加工业等制造行业在产出结构中的比重较大，主要是
技术密集型产业。印刷和记录媒介复制业，烟草制品业，文教工美体育和娱
乐用品制造业，家具制造业，皮革、毛皮、羽毛及其制品业和制鞋业，木材
加工和木竹藤棕草制品业等行业的比重较小，多数为劳动密集型产业。
2006~2020年纺织业、皮革、毛皮、羽毛及其制品业和制鞋业，造纸和纸制
品业，印刷和记录媒介复制业，石油加工炼焦和核燃料加工业，化学原料和
化学制品制造业，化学纤维制造业，橡胶和塑料制品业，非金属矿物制品业，
黑色金属冶炼和压延加工业，通用设备制造业，仪器仪表制造业和其他制造
业的比重下降，其中其他制造业、纺织业和造纸和纸制品业的下降幅度较大。
其余制造行业的比重增加，其中文教、工美、体育和娱乐用品制造业，烟草
制造业和有色金属冶炼和压延加工业的上升幅度较大。从制造业的结构变化趋
势可以看出，传统成本优势的消失对劳动密集型产业的冲击较大。技术型密集
产业的比重增加，并且保持增长的趋势，这与我国重视高端制造业发展，加强
技术密集型、知识密集型生产要素的投入有密切关系。由于资本密集型产业发
展状况取决于一个国家的自然资源禀赋，随时间推移波动程度不大，另外我国
越来越重视环境污染问题，对资本密集型产业来说生产成本加大，所以近年来
我国资本密集型产业的比重逐渐下降。整体来看，我国制造业结构逐渐优化。

表 3-7　2006~2020 年制造业产出结构　　　　单位：%

| 年份<br>行业 | 2006 | 2008 | 2010 | 2012 | 2014 | 2016 | 2018 | 2020 |
|---|---|---|---|---|---|---|---|---|
| 1 | 5.37 | 5.37 | 5.69 | 5.90 | 5.83 | 5.58 | 4.75 | 4.88 |
| 2 | 1.94 | 1.94 | 1.82 | 1.76 | 1.76 | 1.85 | 1.78 | 1.78 |
| 3 | 1.96 | 1.96 | 1.91 | 2.00 | 2.20 | 2.34 | 2.16 | 2.10 |
| 4 | 0.55 | 0.55 | 0.63 | 0.76 | 0.83 | 0.73 | 0.81 | 0.48 |
| 5 | 5.78 | 5.78 | 5.29 | 4.69 | 4.25 | 3.85 | 3.46 | 3.43 |
| 6 | 2.59 | 2.59 | 2.52 | 2.85 | 2.63 | 2.67 | 2.26 | 1.98 |

| 年份<br>行业 | 2006 | 2008 | 2010 | 2012 | 2014 | 2016 | 2018 | 2020 |
|---|---|---|---|---|---|---|---|---|
| 7 | 1.09 | 1.09 | 1.00 | 1.07 | 1.17 | 1.11 | 1.00 | 0.95 |
| 8 | 1.23 | 1.23 | 1.04 | 1.00 | 1.05 | 1.01 | 0.81 | 0.84 |
| 9 | 0.73 | 0.73 | 0.75 | 0.70 | 0.80 | 0.79 | 0.76 | 0.76 |
| 10 | 1.71 | 1.71 | 1.59 | 1.56 | 1.32 | 1.12 | 1.35 | 1.18 |
| 11 | 0.63 | 0.63 | 0.58 | 0.53 | 0.58 | 0.62 | 0.59 | 0.60 |
| 12 | 0.52 | 0.52 | 0.48 | 1.94 | 2.15 | 2.34 | 2.37 | 2.29 |
| 13 | 3.18 | 3.18 | 3.13 | 3.51 | 3.28 | 2.75 | 3.23 | 2.66 |
| 14 | 7.35 | 7.35 | 7.28 | 7.92 | 7.71 | 7.17 | 6.87 | 6.19 |
| 15 | 2.62 | 2.62 | 2.60 | 2.91 | 3.20 | 3.67 | 4.13 | 5.08 |
| 16 | 0.96 | 0.96 | 1.01 | 1.18 | 1.05 | 0.89 | 1.13 | 0.97 |
| 17 | 3.47 | 3.47 | 3.44 | 3.14 | 3.16 | 3.11 | 3.09 | 3.03 |
| 18 | 5.38 | 5.38 | 4.90 | 4.99 | 5.12 | 5.14 | 4.90 | 5.21 |
| 19 | 7.86 | 7.86 | 7.93 | 8.54 | 7.81 | 6.36 | 5.59 | 5.35 |
| 20 | 3.89 | 3.89 | 4.24 | 5.10 | 4.57 | 4.53 | 4.20 | 3.42 |
| 21 | 3.67 | 3.67 | 3.40 | 3.55 | 3.80 | 3.75 | 3.77 | 4.30 |
| 22 | 7.07 | 7.07 | 6.60 | 5.97 | 6.16 | 5.96 | 5.80 | 6.19 |
| 23 | 4.85 | 4.85 | 5.06 | 5.07 | 4.87 | 4.79 | 5.35 | 6.16 |
| 24 | 8.49 | 8.49 | 9.53 | 7.54 | 8.15 | 9.53 | 9.44 | 9.65 |
| 25 | 7.98 | 7.98 | 8.27 | 7.97 | 8.03 | 8.04 | 8.52 | 8.23 |
| 26 | 6.71 | 6.71 | 6.87 | 6.63 | 7.25 | 8.95 | 10.62 | 10.85 |
| 27 | 1.10 | 1.10 | 1.11 | 0.97 | 0.98 | 1.05 | 1.02 | 1.17 |
| 28 | 1.30 | 1.30 | 1.33 | 0.25 | 0.31 | 0.31 | 0.25 | 0.26 |

资料来源：根据历年《中国统计年鉴》数据整理所得。

2006~2020 年我国制造业投资规模快速扩张，28 个制造行业的投资规模平均增长了 2.83 倍。其中专用设备制造业、家具制造业、电气机械和器材制造业、医药制造业、计算机通信和其他电子设备制造业及交通运输设备制造业的投资规模增长速度较快，年均增速分别为 12.78%、11.30%、13.57%、

13.54%、13.14%和13.06%，多数为技术密集型产业。石油加工炼焦和核燃料加工业、烟草制造业、黑色金属冶炼和压延加工业的投资规模增长速度较慢，主要为资本密集型产业。根据制造业的投资结构可知，2006～2020年烟草制造业、纺织业、纺织服装服饰业、皮革毛皮羽毛及其制品和制鞋业、造纸和纸制品业、石油加工炼焦和核燃料加工业、化学原料和化学制品制造业、化学纤维制造业、橡胶和塑料制品业、黑色金属冶炼和压延加工业、有色金属冶炼和压延加工业、交通运输设备制造业、计算机通信和其他电子设备制造业以及其他制造业的投资比重降低，其中黑色金属冶炼和压延加工业、烟草制造业和石油加工、冶炼和核燃料加工业下降幅度较大，其余制造行业的投资比重上升，其中专用设备制造业、家具制造业和电气机械和器材制造业的增长幅度较大。我国制造业投资结构主要特点为劳动密集型产业的投资比重下降，主要原因是我国劳动力成本优势逐渐消失，生产劳动密集型产品的制造企业规模缩小（见表3-8、表3-9）。

表 3-8　2006～2020 年我国制造行业投资总量　　　　单位：亿元

| 行业＼年份 | 2006 | 2008 | 2010 | 2012 | 2014 | 2016 | 2018 | 2020 |
|---|---|---|---|---|---|---|---|---|
| 1 | 3245.80 | 5393.07 | 9180.39 | 13741.64 | 14831.35 | 16693.73 | 13678.30 | 12874.40 |
| 2 | 1895.23 | 2759.64 | 3854.98 | 5149.07 | 6702.36 | 8021.82 | 7799.90 | 8025.10 |
| 3 | 2169.48 | 3101.35 | 4002.53 | 5244.10 | 6821.04 | 7893.85 | 7529.80 | 7780.60 |
| 4 | 1306.83 | 1507.21 | 1803.75 | 2122.95 | 2659.77 | 3053.50 | 3130.40 | 3250.60 |
| 5 | 6256.71 | 8287.58 | 9965.48 | 11528.44 | 11508.31 | 12178.94 | 10007.10 | 8796.40 |
| 6 | 1492.25 | 2321.00 | 2793.55 | 4266.82 | 5111.73 | 6051.20 | 5246.60 | 4456.80 |
| 7 | 819.62 | 1160.86 | 1506.80 | 2319.25 | 2755.39 | 3103.66 | 2482.60 | 2772.00 |
| 8 | 847.04 | 1473.00 | 2104.78 | 2866.13 | 3242.98 | 3608.44 | 2641.70 | 2123.00 |
| 9 | 546.26 | 836.00 | 1132.90 | 1593.02 | 2084.41 | 2520.22 | 2353.90 | 2446.70 |
| 10 | 3266.08 | 4473.60 | 5651.88 | 7485.46 | 7331.56 | 7723.93 | 7542.90 | 7470.60 |
| 11 | 1246.41 | 1662.09 | 1981.26 | 2195.21 | 2481.01 | 2937.75 | 2657.60 | 2779.00 |

续表

| 年份行业 | 2006 | 2008 | 2010 | 2012 | 2014 | 2016 | 2018 | 2020 |
|---|---|---|---|---|---|---|---|---|
| 12 | 499.01 | 720.70 | 828.45 | 2090.17 | 2830.28 | 3669.29 | 3183.50 | 3109.30 |
| 13 | 5726.06 | 7518.53 | 11197.33 | 13467.21 | 14179.87 | 14877.06 | 16081.90 | 20485.20 |
| 14 | 11179.01 | 16012.17 | 22996.39 | 32008.81 | 38684.93 | 44134.27 | 41024.70 | 43222.90 |
| 15 | 2732.02 | 3732.35 | 4873.24 | 6487.01 | 10242.89 | 13669.81 | 14434.20 | 16167.30 |
| 16 | 1817.77 | 2045.68 | 2235.83 | 3052.45 | 3353.14 | 3811.80 | 4209.60 | 5093.50 |
| 17 | 3731.09 | 5351.18 | 7056.98 | 8721.97 | 9594.05 | 10808.23 | 9589.50 | 9982.00 |
| 18 | 7204.49 | 10541.60 | 15016.33 | 21376.20 | 24945.79 | 27574.86 | 23279.20 | 27049.90 |
| 19 | 14024.52 | 19980.04 | 28593.40 | 37357.94 | 38469.54 | 38845.63 | 34718.10 | 35019.30 |
| 20 | 4169.78 | 6964.37 | 10202.10 | 13325.43 | 18214.29 | 21209.88 | 20428.60 | 21472.20 |
| 21 | 2379.45 | 4136.93 | 5800.66 | 9155.65 | 12215.36 | 12068.71 | 11152.10 | 12110.80 |
| 22 | 4355.68 | 7453.95 | 11098.92 | 12307.87 | 15748.18 | 17567.02 | 15063.80 | 15658.40 |
| 23 | 2897.13 | 4921.08 | 6904.16 | 9905.02 | 13218.95 | 14902.93 | 14209.40 | 15600.40 |
| 24 | 7651.32 | 11846.88 | 16987.86 | 21582.11 | 31085.12 | 38089.79 | 38173.50 | 42674.30 |
| 25 | 4259.12 | 6976.95 | 10314.13 | 15348.29 | 18750.10 | 23108.41 | 23998.00 | 25303.80 |
| 26 | 8195.46 | 12295.97 | 17751.30 | 21352.73 | 20004.02 | 26439.67 | 34023.00 | 46135.90 |
| 27 | 938.93 | 1306.04 | 1856.17 | 1987.33 | 2595.68 | 3217.03 | 3369.60 | 3658.00 |
| 28 | 685.74 | 999.15 | 1275.34 | 804.72 | 946.57 | 1008.77 | 626.60 | 1372.90 |

资料来源：根据历年《中国统计年鉴》数据整理所得。

**表 3-9　我国制造业投资结构**　　　　　　　　单位：%

| 年份行业 | 2006 | 2008 | 2010 | 2012 | 2014 | 2016 | 2018 | 2020 |
|---|---|---|---|---|---|---|---|---|
| 1 | 3.08 | 3.46 | 4.19 | 4.76 | 4.35 | 4.29 | 3.67 | 3.16 |
| 2 | 1.80 | 1.77 | 1.76 | 1.78 | 1.97 | 2.06 | 2.09 | 1.97 |
| 3 | 2.06 | 1.99 | 1.83 | 1.82 | 2.00 | 2.03 | 2.02 | 1.91 |
| 4 | 1.24 | 0.97 | 0.82 | 0.73 | 0.78 | 0.79 | 0.84 | 0.80 |
| 5 | 5.93 | 5.32 | 4.55 | 3.99 | 3.38 | 3.13 | 2.69 | 2.16 |
| 6 | 1.41 | 1.49 | 1.28 | 1.48 | 1.50 | 1.56 | 1.41 | 1.10 |
| 7 | 0.78 | 0.75 | 0.69 | 0.80 | 0.81 | 0.80 | 0.67 | 0.68 |
| 8 | 0.80 | 0.95 | 0.96 | 0.99 | 0.95 | 0.93 | 0.71 | 0.52 |

| 年份<br>行业 | 2006 | 2008 | 2010 | 2012 | 2014 | 2016 | 2018 | 2020 |
|---|---|---|---|---|---|---|---|---|
| 9 | 0.52 | 0.54 | 0.52 | 0.55 | 0.61 | 0.65 | 0.63 | 0.60 |
| 10 | 3.09 | 2.87 | 2.58 | 2.59 | 2.15 | 1.99 | 2.02 | 1.84 |
| 11 | 1.18 | 1.07 | 0.90 | 0.76 | 0.73 | 0.76 | 0.71 | 0.68 |
| 12 | 0.47 | 0.46 | 0.38 | 0.72 | 0.83 | 0.94 | 0.85 | 0.76 |
| 13 | 5.43 | 4.83 | 5.11 | 4.66 | 4.16 | 3.83 | 4.32 | 5.03 |
| 14 | 10.59 | 10.28 | 10.50 | 11.08 | 11.36 | 11.35 | 11.01 | 10.62 |
| 15 | 2.59 | 2.40 | 2.23 | 2.25 | 3.01 | 3.52 | 3.87 | 3.97 |
| 16 | 1.72 | 1.31 | 1.02 | 1.06 | 0.98 | 0.98 | 1.13 | 1.25 |
| 17 | 3.54 | 3.44 | 3.22 | 3.02 | 2.82 | 2.78 | 2.57 | 2.45 |
| 18 | 6.83 | 6.77 | 6.86 | 7.40 | 7.32 | 7.09 | 6.25 | 6.65 |
| 19 | 13.29 | 12.83 | 13.06 | 12.93 | 11.29 | 9.99 | 9.32 | 8.61 |
| 20 | 3.95 | 4.47 | 4.66 | 4.61 | 5.35 | 5.46 | 5.48 | 5.28 |
| 21 | 2.25 | 2.66 | 2.65 | 3.17 | 3.59 | 3.10 | 2.99 | 2.98 |
| 22 | 4.13 | 4.78 | 5.07 | 4.26 | 4.62 | 4.52 | 4.04 | 3.85 |
| 23 | 2.75 | 3.16 | 3.15 | 3.43 | 3.88 | 3.83 | 3.81 | 3.83 |
| 24 | 7.25 | 7.60 | 7.76 | 7.47 | 9.13 | 9.80 | 10.24 | 10.49 |
| 25 | 4.04 | 4.48 | 4.71 | 5.31 | 5.50 | 5.94 | 6.44 | 6.22 |
| 26 | 7.77 | 7.89 | 8.11 | 7.39 | 5.87 | 6.80 | 9.13 | 11.34 |
| 27 | 0.89 | 0.84 | 0.85 | 0.69 | 0.76 | 0.83 | 0.90 | 0.90 |
| 28 | 0.65 | 0.64 | 0.58 | 0.28 | 0.28 | 0.26 | 0.17 | 0.34 |

资料来源：根据历年《中国统计年鉴》数据整理所得。

# 3.5　本章小结

本章分析了我国生产性服务进口和制造业发展现状，通过总体和行业分析发现，2006~2020 年生产性服务进口贸易和 FDI 的进口规模都呈扩大趋势，年均增长率分别为 8.07% 和 7.06%，前者在服务贸易进口总额中的比重呈单调递减趋势，后者在服务业 FDI 中的比重呈 "U" 形。生产性服务进口复杂度稳步提升，为我国制造业转型升级奠定基础。分部门来看，进口总量从大到小依次为运输服务，其他商业服务，知识产权使用费，通信、计算机和信息服务，金融服务和与货物有关的服务。知识产权使用费，通信、计算机和信息服务和与货物有关的服务进口总量呈单调递增趋势。运输服务进口总量呈波动上升趋势，2009 年和 2015 年下降，其余年份上升。2014 年之前金融服务进口总量呈上升趋势，2015 年和 2016 年进口总量下降。2005~2015 年我国各生产性服务业实际使用外资金额总体呈上升趋势，使用金额从大到小依次为租赁和商务服务业，交通运输、仓储和邮政业，信息传输、计算机服务和软件业，科学研究、技术服务业，地质勘查业，金融业。2014 年以前租赁和商务服务业 FDI 规模最大，2015 年金融业 FDI 迅速增长，成为实际使用外资金额最大的生产性服务业部门，2018 年以后租赁和商务服务业又成为实际使用外资金额最大的部门。

2006~2020 年，制造业产出增长了 2.48 倍，年均增速达到 9.32%。2005~2011 年制造业的增长率高于 GDP 增长率，2011 年以后低于 GDP 增长率，制造业拉低了 GDP 的增长速度。制造业固定资产投资呈单调递增趋势，15 年间增长了 2.86 倍，年均增长率为 10.12%。研发投入也呈递增趋势，15 年间增长了 8.49 倍，年均增速为 17.44%。借助模糊 C 均值聚类法把制造业划分为劳动密集型产业、资本密集型产业和技术密集型产业。三种产业类型在制造业中所占比重从大到小依次为技术密集型产业、劳动密集型产业以及资本密集型产业。对比 2020 年与 2006 年三种产业类型在制造业产出中的比重可以发现，劳动密集型和资本密集型产业比重下降，技术密集型产业比增加。从三种产业类型的变动趋势可以看出，劳动密集型产业的优势逐渐减弱，技术密集型产业的优势逐渐增强。对比产出和投资比重可以发现，劳动密集型产业的附加值较低，投资比重增加但产出比重下降；技术密集型产业的产出和投资比重都提升，但产出的增长幅度小于投资；资本密集型产业的产出和投资比重都下降，投资比重下降更快。我国出口的制造业产品中属于技术密集型产业的达到 50% 以上，劳动密集型产业的出口比重最小。虽然劳动密集型产业的出口规模很大，由于劳动密集型产品的价格和附加值较低，制造企业出口获得的收益较少。

通过计算我国制造业的结构水平指数发现，2006～2020 年我国制造业结构水平指数增加，年均增长率为 6.22%，制造业结构逐渐优化。从制造业总体和各部门结构指数水平变化趋势可以看出，技术密集型产业的结构水平指数增加、资源密集型产业的结构水平指数降低、劳动密集型产业的结构水平指数基本不变。进一步分析我国制造业的产出、投资和出口结构可以发现，2006～2020 年我国各制造行业的产成品增长了 2 倍左右，其中纺织业、造纸和纸制品业和其他制造业增长速度较慢；文教工美体育和娱乐用品制造业、烟草制造业、有色金属冶炼和压延加工业、医药制造业和交通运输设备制造业增长速度较快。从制造业的产出结构变化趋势可以看出，多种劳动密集型产业的比重下降，传统成本优势的消失对劳动密集型产业的冲击较大；技术型密集产业的比重增加，并且保持增长的趋势；资本密集型产业的比重逐渐下降。整体来看，我国制造业结构逐渐优化。

2006～2020 年，我国制造业投资规模快速扩张。其中专用设备制造业、家具制造业、电气机械和器材制造业、通用设备制造业和文教工美体育和娱乐用品制造业的投资规模增长速度较快，多数为技术密集型产业。石油加工炼焦和核燃料加工业、烟草制造业和黑色金属冶炼和压延加工业的投资规模增长速度较慢，主要为资本密集型产业。根据制造业的投资结构可知，黑色金属冶炼和压延加工业，烟草制造业，石油加工、冶炼和核燃料加工业的比重下降幅度较大，专用设备制造业、家具制造业和电气机械和器材制造业的比重上升幅度较大。我国制造业投资结构主要特点为劳动密集型产业的投资比重下降，主要原因是我国劳动力成本优势逐渐消失，生产劳动密集型产品的制造企业规模缩小。

结合制造业转型升级的内涵和我国制造业发展现状与发展目标，我国制造业转型升级需要解决的问题和实现的目标主要有以下三个方面：一是提升我国制造业经济效益；二是提高制造业生产效率；三是提升我国制造业的国际分工地位。接下来将从这三个方面实证分析生产性服务进口对我国制造业转型升级的影响。

# 第4章 生产性服务进口对制造业增加值率的影响

2012 年以来我国经济增长速度回落，从过去 30 多年平均 10%的高速增长转为 7%左右的中高速增长，经济进入由高速增长转为高质增长的新常态。在经济新常态下，我国制造业"高耗能"的特点日益突出，粗放型的增长方式不足以维持制造业可持续发展。在制造业增长速度放缓甚至有的行业出现负增长的情况下，制造业转型升级的基本目标是提升制造企业的经济效益和新增价值的比重，提高制造业的增长质量。增加值率是从宏观上度量投入产出效益的综合指标，体现了经济增长的质量。本章以制造业增加值率来度量制造行业的经济效益和增长质量，分别从"量"和"质"的角度实证分析生产性服务进口对制造业增加值率的影响，并且进一步分析生产性服务进口部门影响的差异性。

# 4.1 模型设定和变量选取

## 4.1.1 模型设定

本章从进口数量和质量两个角度，研究生产性服务进口对制造业增加值率的影响。生产性服务进口包括跨境贸易和商业存在两种形式，分析进口数量的影响时以生产性服务进口跨境贸易（IPS）和生产性服务业直接投资（IFDI）作为核心解释变量，分析进口质量的影响时以生产性服务进口复杂度（TS）作为核心解释变量。计量模型如下：

$$Y_{it} = \beta_0 + \beta_1 IPS_t + \beta_2 IFDI_t + \beta_3 CPS_t + \beta_4 K_{it} + \beta_5 L_{it} + \beta_6 T_{it} + \beta_7 DR_{it} + \beta_8 SO_{it} + \xi_{it}$$

$$(4-1)$$

$$Y_{it} = \beta_0 + \beta_1 TS_t + \beta_2 CPS_t + \beta_3 K_{it} + \beta_4 L_{it} + \beta_5 T_{it} + \beta_6 DR_{it} + \beta_7 SO_{it} + \xi_{it} \quad (4-2)$$

式中，i 表示产业，t 表示时间，$Y_{it}$ 表示制造产业的增加值率，$IPS_t$ 表示我国生产性服务进口数量，$IFDI_t$ 表示我国生产性服务业直接投资，$TS_t$ 表示生产性服务进口技术复杂度，$K_{it}$ 表示制造产业的固定资产投资，$L_{it}$ 表示就业人员，$T_{it}$ 表示研发强度，$DR_{it}$ 表示负债率，$SQ_{it}$ 表示国有控股比重，$\xi_{it}$ 表示无法观测到的随机误差。

## 4.1.2 变量说明

### 4.1.2.1 被解释变量

本书用增加值率（Y）来度量制造业的经济效益和增长质量，采用规模以上工业企业的增加值率数据。被解释变量是我国 28 个制造行业的增加值率，数据来自历年《中国统计年鉴》。从进口数量的角度分析生产性服务对制造业增加值率的影响时，样本区间是 2006~2015 年，从进口质量的角度分析生产性服务对制造业增加值率的影响时，样本区间是 2006~2016 年。

### 4.1.2.2　核心解释变量

核心解释变量是我国进口的生产性服务，从量和质两方面研究。从量的角度展开研究时，核心解释变量是生产性服务跨境贸易（IPS）和生产性服务业 FDI（IFDI），单位是亿元，数据来自联合国贸发会议数据库和《中国统计年鉴》。从质的角度展开研究时，核心解释变量是生产性服务进口技术复杂度，测算方法如第 3 章所示。

### 4.1.2.3　控制变量

在模型中加入其他影响制造业增加值率的变量，分别为国内生产性服务供给水平（CPS）、固定资本（K）、劳动力投入（L）、研发能力（T）、企业负债率（DR）以及国有控股比重（SO）。

生产性服务作为制造业生产的中间投入，可以从国内和国外两种渠道获取。目前服务贸易的自由化程度较低，制造业中间投入的生产性服务主要是由国内企业提供。本书用我国生产性服务业产出来度量国内生产性服务供给水平，单位是亿元，数据来自《中国统计年鉴》。

固定资本和劳动要素是开展生产活动的基础，大规模投资和充足、低成本劳动力是我国发展成为制造业大国的主要原因。随着我国人口红利、土地红利以及环境规制低成本等传统优势的逐渐消失，虽然投资和劳动力投入仍然是制造业增长的主要动力，但对质量增长和效率提升的助力不足。本书用规模以上制造企业的固定资产投资（K）和就业人员数（L）衡量制造产业的固定资本和劳动投入，单位分别是亿元和万人，数据来自《中国统计年鉴》。

在全球范围内，政府和企业越来越重视研发创新能力。制造业企业的研发创新能力决定其生产技术和产品质量，决定了企业的核心竞争力，是推进产业结构优化和升级的重要因素之一。研发创新能力的提高依赖国家和企业的研发投入，本书用规模以上制造业企业的研发投入与主营业务收入之比（T），即研发强度来度量制造产业的研发创新水平，数据由《全国科技经费投入统计公报》和《中国统计年鉴》整理所得。

企业负债率（DR）是评价企业负债水平的综合指标，反映债权人发放贷款的安全程度。企业的负债率高说明企业的财务风险相对较高，若不能及时偿还债务可能导致企业破产。但是一定的资产负债率可以让企业利用债务杠杆来提高收益，同时负债具有避税效应，可以提高企业收益、推动企业发展。许多学者运用上市公司的数据分析显示企业的负债率对企业绩效有显著正向影响（王凤，2007；董黎明，2007等）。本书用规模以上制造业企业流动负债与总资产的比重表示制造产业的负债率，数据来自《中国统计年鉴》。

相对来说，国有控股企业更容易获得资金和国家相关政策支持，国有控股资产的比重对企业的经营状况、经济效益等有直接影响。但是国有控股企业存在垄断，企业缺乏灵活性和竞争动力，不利于企业经济效益提升。本书用规模以上制造业企业总资产中国有控股资产的比重（SO）来度量制造产业的国有控股比重，数据来自《中国统计年鉴》。

表4-1和表4-2分别是计量方程（4-1）和计量方程（4-2）中各变量的主要统计特征。

表4-1　计量方程（4-1）中各变量统计特征

| 变量 | 样本数 | 平均值 | 标准差 | 最小值 | 最大值 |
|---|---|---|---|---|---|
| Y | 280 | 12.79216 | 5.08167 | -0.51818 | 26.08017 |
| IPS | 280 | 8076.944 | 2213.186 | 5173.19 | 10816.23 |
| IFDI | 280 | 1194.989 | 498.3194 | 642.6576 | 2362.264 |
| CPS | 280 | 78827.38 | 32255.14 | 34297.01 | 137497.6 |
| K | 280 | 3314.122 | 3340.324 | 115.09 | 16747.63 |

| 变量 | 样本数 | 平均值 | 标准差 | 最小值 | 最大值 |
|------|--------|--------|--------|--------|--------|
| L | 280 | 145. 4634 | 116. 2664 | 17. 4 | 750. 6 |
| T | 280 | 0. 00911 | 0. 00578 | 0. 00172 | 0. 02397 |
| DR | 280 | 0. 45389 | 0. 06466 | 0. 21240 | 0. 56925 |
| SO | 280 | 0. 25214 | 0. 29008 | 0. 00766 | 1. 61342 |

表 4-2　计量方程（4-2）中各变量统计特征

| 变量 | 样本数 | 平均值 | 标准差 | 最小值 | 最大值 |
|------|--------|--------|--------|--------|--------|
| Y | 308 | 12. 18198 | 5. 32859 | −7. 02 | 26. 08017 |
| TS | 308 | 28895. 65 | 1223. 522 | 26887. 48 | 30924. 11 |
| CPS | 308 | 74237. 21 | 34013. 05 | 28335. 49 | 137497. 6 |
| K | 308 | 3548. 144 | 3550. 669 | 115. 09 | 16747. 63 |
| L | 308 | 149. 0664 | 120. 6992 | 17. 4 | 750. 6 |
| T | 308 | 0. 00731 | 0. 00515 | 0. 00102 | 0. 02069 |
| DR | 308 | 0. 45105 | 0. 06519 | 0. 21240 | 0. 56925 |
| SO | 308 | 0. 24883 | 0. 28396 | 0. 00766 | 1. 61342 |

# 4.2　分析生产性服务进口数量的影响

根据计量方程（4-1）实证分析我国生产性服务进口贸易（IPS）和生产性服务业 FDI（IFDI）对制造业增加值率的影响。

## 4.2.1　全样本回归结果

分析生产性服务进口总体对制造业增加值率的影响，可采用固定效应和随机效应估计。通过 Hausman 检验判断采用固定效应模型还是随机效应模型，检验结果显示拒绝原假设"$H_0$：$u_j$ 与 $x_{jt}$，$z_j$ 不相关"，应该使用固定效应模型，而非随机效应模型。回归结果如表4-3所示。

表4-3　生产性服务进口总体对制造业增加值率影响的全样本回归结果

| 变量 | 固定效应 | 随机效应 |
|---|---|---|
| IPS | 0.00049*** | 0.00057*** |
|  | （3.78） | （3.34） |
| IFDI | 0.00109 | 0.00181 |
|  | （0.93） | （1.05） |
| CPS | −0.00012*** | −0.00016*** |
|  | （−3.40） | （−5.72） |
| K | −0.00052*** | −0.00012* |
|  | （−4.45） | （−1.76） |
| L | 0.00620 | 0.00222 |
|  | （1.28） | （0.69） |
| T | 1.87170* | 1.38264* |
|  | （2.01） | （1.88） |
| DR | 26.02248** | 2.39150 |
|  | （2.57） | （0.45） |
| SO | −1.90403* | −0.56703 |
|  | （−1.92） | （−0.51） |
| Constant | 4.58324 | 16.636*** |
|  | （0.91） | （5.51） |
| $R^2$ | 0.5547 | 0.5251 |
| F/Wald chi2 test | 0.0000 | 0.0000 |

注：*、**、***分别表示变量在10%、5%、1%的水平上显著；括号内是各变量的 $t/z$ 统计量；最后一行是 F/Wald chi2 检验的 p 值。下同。

根据固定效应的回归结果可知：

首先，核心解释变量生产性服务进口（IPS）和生产性服务业直接投资（IFDI）都可以促进制造业增加值率增长，前者在5%的水平上显著，后者不显著。生产性服务业 FDI 与制造业产值存在长期均衡关系，Granger 因果检验表明，滞后一期时生产性服务业 FDI 规模变化是制造业增加值变化的原因（江心英和李娜，2014）。调查显示，我国直接投资的技术溢出效应较低，生产性服务业 FDI 虽然对制造业增加值率有促进作用但效果不显著。相对于引进直接投资，国内制造业企业可以根据生产需要有针对性地从发达国家进口发展更加成熟、专业化程度更高的生产性服务，单位成本的生产性服务可以带来更高的经济效益。所以，制造业企业在生产中增加进口生产性服务的投入数量，可以有效提高生产效率、降低单位成本，从而有效地提升经济效益，提高制造业增加值率。

其次，控制变量生产性服务业产出（CPS）、固定资本投资（K）和国有控股比重（SO）与制造业增加值率负相关，分别在 1%、1% 和 10% 的水平上显著。劳动力投入（L）、研发强度（T）和负债率（DR）与制造业增加值率正相关，分别不显著、在 10% 和 5% 的水平上显著。与发达国家相比，我国生产性服务业还处于起步阶段，发展不成熟，服务专业化程度有待提高。制造业生产中投入国内供给的单位生产性服务要素成本较高，生产性服务质量对改进制造业生产方式、增加产出的效果不显著，总体来看对制造业增加值率提升有抑制作用。固定资产投资和劳动力投入对制造业增加值率的影响与预期一致。由于我国制造业是依靠大规模扩张和大量低质量劳动投入融入全球分工体系迅速发展起来的，而经过 30 多年的快速发展，我国传统低成本优势消失，生产规模扩张造成很多制造企业存在资源浪费、库存积压的问题。虽然我国在努力推进制造业转型升级，但仍然是以劳动密集型产业为主，随着劳动力成本增加，劳动力投入对制造业增加值率的促进作用不再显著。越来越多的国家和地区重视研发创新对企业发展的重要作用，研发是企业提升生产效率获得核心竞争力的有效途径之一。随着研发强度的增强，企业可以有效改善生产技术，促进制造业增加值率增长。企业负债率对制造业增加值率有显著促进作用，但是负债率并不是越高越好，负债率维持在什么水平对制造业增加值率的促进作用最大，有待进一步研究。回归结果显示国有控股比重对制造业增加值率有显著抑制作用，国有控股比重增加，减弱了企业的竞争动力，不利于增加值率增长。

由于经济增长存在路径依赖，所以在解释变量中加入被解释变量的两期滞后项，为了解决形成的内生性问题，采用系统 GMM 两步法估计。系统 GMM 估计结果和固定效应估计结果一致，说明初始估计结果是稳健的（见表 4-4）。

表 4-4　生产性服务进口总体对制造业增加值率影响的稳健性检验

| 变量 | 系统 GMM |
|---|---|
| L1. Y | -0.10747 ** <br> (-2.07) |
| L2. Y | 0.28126 *** <br> (-7.25) |
| IPS | 0.00041 *** <br> (4.07) |
| IFDI | 0.0005 <br> (0.11) |
| CPS | -0.00013 *** <br> (-5.92) |
| K | -0.00035 *** <br> (-2.77) |
| L | 0.00972 <br> (0.94) |
| T | 9.26203 *** <br> (5.90) |
| DR | 1.43084 ** <br> (1.98) |

| 变量 | 系统 GMM |
|------|---------|
| SO | $-4.38016^{***}$<br>$(-2.77)$ |
| Constant | $17.25865^{***}$<br>$(4.21)$ |
| AR（2） | 0.2477 |
| Sargan | 0.9953 |
| Wald chi2 | 0.0000 |

### 4.2.2　分部门回归结果

在分析生产性服务进口总量对制造业增加值率的影响之后，进一步分析不同生产性服务部门影响的异质性。为了统一两种贸易形式对生产性服务的分类，把跨境贸易中与货物有关的服务和其他商业服务合并，一共有 5 个生产性服务进口部门。同时为了区分跨境贸易和商业存在影响的差异性，设计两个计量模型，模型 1 中核心解释变量为跨境贸易进口部门，分别为与货物有关的服务和其他商业服务（G_B）、运输服务（TRANS）、金融服务（FIN）、知识产权使用费（CIP）与通信、计算机和信息服务（TCI）；模型 2 中核心解释变量为生产性服务业直接投资部门，分别为租赁和商务服务业直接投资（IFDI（rent）），交通运输、仓储和邮政业直接投资（IFDI（trans）），金融业直接投资（IFDI（fin）），科学研究、技术服务和地质勘查业直接投资（IFDI（re））与信息传输、计算机服务和软件业直接投资（IFDI（in））。其他控制变量和上文相同，采用固定效应和随机效应回归，回归结果如表 4-5 所示。通过 Hausman 检验判断采用固定效应模型还是随机效应模型，Hausman 检验的结果显示拒绝原假设"$H_0$：$u_j$ 与 $x_{jt}$，$z_j$ 不相关"，应该使用固定效应模型，而非随机效应模型。

### 表4-5　生产性服务异质性分析

| 变量 | 固定效应 | | 随机效应 | |
|---|---|---|---|---|
| | 模型1 | 模型2 | 模型1 | 模型2 |
| G_B | $-0.00006^{***}$ <br> $(-3.02)$ | | $-0.00005^{***}$ <br> $(-2.88)$ | |
| TRANS | $0.00033^{***}$ <br> $(4.08)$ | | $0.00032^{***}$ <br> $(3.99)$ | |
| FIN | $0.00186^{***}$ <br> $(3.52)$ | | $0.00197^{***}$ <br> $(3.81)$ | |
| CIP | $-0.00434^{***}$ <br> $(-10.16)$ | | $-0.00448^{***}$ <br> $(-10.57)$ | |
| TCI | $-0.00032$ <br> $(-0.82)$ | | $-0.00034$ <br> $(-0.90)$ | |
| IFDI（rent） | | $0.01513$ <br> $(1.70)$ | | $0.01288$ <br> $(1.49)$ |
| IFDI（trans） | | $-0.14055^{***}$ <br> $(-6.09)$ | | $-0.14021^{***}$ <br> $(-6.10)$ |
| IFDI（fin） | | $0.00773^{**}$ <br> $(2.43)$ | | $0.00804^{**}$ <br> $(2.56)$ |
| IFDI（re） | | $-0.05541^{*}$ <br> $(-1.81)$ | | $-0.06094^{**}$ <br> $(-1.96)$ |
| IFDI（in） | | $0.00462$ <br> $(0.19)$ | | $0.00325$ <br> $(0.14)$ |
| IPS | | $0.00217^{***}$ <br> $(5.62)$ | | $0.00220^{***}$ <br> $(5.59)$ |
| IFDI | $0.01128$ <br> $(1.59)$ | | $0.01199$ <br> $(1.07)$ | |
| CPS | $-0.00060^{***}$ <br> $(-4.68)$ | $-0.00002^{***}$ <br> $(-2.79)$ | $-0.00061^{***}$ <br> $(-5.00)$ | $-0.00003^{***}$ <br> $(-2.57)$ |
| K | $-0.00060^{***}$ <br> $(-4.61)$ | $-0.00058^{***}$ <br> $(-4.69)$ | $-0.00023^{**}$ <br> $(-1.90)$ | $-0.00021^{*}$ <br> $(-1.76)$ |
| L | $0.00707$ <br> $(1.25)$ | $0.00663$ <br> $(1.19)$ | $0.00388$ <br> $(1.14)$ | $0.00333$ <br> $(0.99)$ |

| 变量 | 固定效应 | | 随机效应 | |
|---|---|---|---|---|
| | 模型 1 | 模型 2 | 模型 1 | 模型 2 |
| T | 0.76731* | 1.17125* | 1.15031* | 1.25186* |
| | (1.88) | (1.96) | (2.01) | (1.68) |
| DR | 22.45433* | 23.48248** | 3.88375 | 3.76994* |
| | (2.03) | (2.13) | (0.72) | (0.71) |
| SO | −2.17946** | −2.12141*** | −0.77552 | −0.74977 |
| | (−2.76) | (−3.01) | (−0.78) | (−0.77) |
| Constant | 11.1588* | 13.97654** | 20.69298*** | 24.28958*** |
| | (1.81) | (2.12) | (6.25) | (6.45) |
| $R^2$ | 0.6863 | 0.6748 | 0.6660 | 0.6535 |
| F/Wald chi2 test | 0.0000 | 0.0000 | 0.0000 | 0.0000 |

根据模型 1 和模型 2 的固定效应的回归结果可知：

首先，与货物有关的服务和其他商业服务（G_B）、运输服务（TANS）和通信、计算机和信息服务（TCI）进口与租赁和商务服务业直接投资（IF-DI（rent）），交通运输、仓储和邮政业直接投资（IFDI（trans））与信息传输、计算机服务和软件业直接投资（IFDI（in））对制造业增加值率的影响相反，与货物有关的服务和其他商业服务进口与我国制造业增加值率负相关，租赁和商务服务业直接投资与我国制造业增加值率正相关，前者在 1% 的水平上显著，后者不显著；运输服务进口与增加值率正相关，交通运输、仓储和邮政业与增加值率负相关，都在 1% 的水平上显著；通信、计算机和信息服务进口与制造业增加值率负相关，信息传输、计算机服务和软件业直接投资与制造业增加值率正相关，都不显著。

购买生产所需的基础设备需要大笔资金，对于处于发展初期或中小型制造业企业来说，可以通过租赁服务获取大型或先进的生产设备。引进租赁和商务服务业直接投资为制造业企业租赁生产设备提供便利，支持企业扩大生产规模和改进生产方式，提高企业的经济效益。与货物有关的服务主要包括加工贸易服务、维修服务等。加工贸易是我国对外贸易的重要组成部分，虽然在国际金融危机以后比重有所下降，但仍在 30% 以上。进口加工贸易服务减少了对我国本土生产性服务的需求，阻碍制造业向高层次发展。跨国公司所需的维修保养服务一般由母国供给，母国在提供维修与保养服务的过程中形成进口。进口维修保养服务抑制了我国制造业企业向价值链两端延伸（售后环节），即抑制制造业企业向高附加值生产环节延伸，对制造业企业产品附加值的提升有抑制作用。

运输将制造业原料采购、生产、销售、售后等各个环节联合成有效的整体，降低了原料和销售对制造企业的地域限制。运输服务是我国生产性服务的主要逆差部门，2005~2016 年，运输服务进口增长了 2.84 倍。我国货物贸易的运输环节 90% 由海运完成，由我国海运企业承运的货运量只占进出口货物总量的 25% 左右，我国海洋运输服务还有很大的发展空间。通过进口运输服务可以有效提升货物进出口贸易效率，减少制造企业在运输环节的成本，并提升经济效益。与海运相比，我国铁路和公路运输业发展迅速，顺应"互联网+"迅猛发展的大趋势，快递业迅猛发展，国内运输服务质量大幅度增长。我国引进交通运输、仓储和邮政业的直接投资规模逐年增长，越来越多的国际运输公司在我国投资设立分公司，然而交通运输、仓储和邮政业 FDI 对制造业结构升级没有显著的促进作用（孟萍莉和董相町，2017）。对于制造企业来说，相对于国内企业提供的运输服务，外资企业的运输服务成本更高，所以对制造业的增加值率增长有负作用。

2005~2016 年我国通信、计算机和信息服务贸易处于顺差状态，顺差额持续增长。我国通信、计算机和信息服务具有国际竞争优势，在一定程度上抑制了同类产品的进口，国内服务企业提供的通信、计算机和信息服务对制造业生产的促进作用更加显著。随着我国市场开放程度的扩大，信息传输、计算机服务和软件业的利用外资规模增长，我国信息传输、计算机服务和软件业的市场竞争增强。由于信息传输、计算机和软件业存在一定程度的垄断，"先占优势"和"在位优势"削弱了市场竞争和产品创新能力。"先占效应"在电信业较为突出（周念利，2014），所以信息传输、计算机服务和软件业直接投资对我国制造业增加值率的促进作用不显著。

其次，金融服务（FIN）进口、知识产权使用费（CIP）进口与金融业直接投资（IFDI（fin））、科学研究和技术服务和地质勘查业直接投资（IFDI（re））对制造业增加值率的作用一致。金融服务进口和金融业直接投资与我国制造业增加值率正相关，分别在 1% 和 5% 的水平上显著；知识产权使用费进口与科学研究、技术服务和地质勘查业直接投资与我国制造业增加值率负相关，分别在 1% 和 10% 的水平上显著。从金融市场角度和国家金融政策分析，金融是制造业发展的推动力（陈佳彬，2016）。金融服务为制造业企业生产提供资金和金融工具支持，金融业直接投资通过前向和后向溢出的渠道提升制造业效率（陈少铭，2017），是制造业积累资本、扩大生产规模的关键要素。我国金融市场存在较大程度的垄断，中小企业融资困难的问题一直难以解决。通过进口金融服务和国外金融机构在我国成立分公司可以为制造业企业生产和科研创新活动提供资金和金融工具支持，改善生产模式、提升经济效益，促进增加值率增长。

我国制造企业的研发能力较弱，生产所需的研发技术可以通过购买国外的专利或引进科学研究、技术服务和地质勘查业直接投资获得。购买国外专利使制造企业的生产成本大幅度提升，引进科学研究、技术服务和地质勘查业直接投资并不能降低企业的交易成本和生产制造成本（华广敏，2012）。由于我国直接投资的技术溢出效应较小，本国企业与外资企业开展业务或合作时获取的都是标准化的技术，很难掌握核心技术。知识产权使用费进口和科学研究、技术服务和地质勘查业直接投资对制造企业生产效率的提升作用不能弥补成本的增长，对制造业增加值率有显著负效应。

# 4.3　分析生产性服务进口技术复杂度的影响

上文分析了生产性服务进口总体和不同部门对制造业增加值率的影响，接下来分析生产性服务进口技术复杂度对制造业增加值率的影响，根据计量方程（4-2）进行回归。

### 4.3.1　全样本回归结果

分析生产性服务总体进口技术复杂度对制造业增加值率的影响，可采用固定效应和随机效应估计。通过 Hausman 检验判断采用固定效应模型还是随机效应模型，检验结果显示拒绝原假设"$H_0$：$u_j$ 与 $x_{jt}$，$z_j$ 不相关"，应该使用固定效应模型，而非随机效应模型。回归结果如表 4-6 所示。

表 4-6　生产性服务总体进口技术复杂度对制造业增加值率影响的全样本回归结果

| 变量 | 固定效应 | 随机效应 |
|:---:|:---:|:---:|
| TS | 0.00068<br>（1.13） | 0.00047<br>（0.85） |
| CPS | −0.00011***<br>（−4.52） | −0.00013***<br>（−6.08） |
| K | −0.00040***<br>（−3.92） | −0.00008*<br>（−1.78） |
| L | 0.00792<br>（1.42） | 0.00232<br>（0.80） |
| T | 2.25422***<br>（3.12） | 1.53688**<br>（2.25） |

续表

| 变量 | 固定效应 | 随机效应 |
|---|---|---|
| DR | 21. 14648 * <br> （1. 77） | 1. 98937 <br> （0. 37） |
| SO | −1. 65468 * <br> （−1. 76） | −0. 85976 <br> （−0. 76） |
| Constant | −9. 88244 <br> （0. 53） | 5. 80672 <br> （5. 51） |
| R² | 0. 6061 | 0. 5863 |
| F/Wald chi2 test | 0. 0000 | 0. 0000 |

根据固定效应的回归结果可知：

生产性服务进口技术复杂度（TS）与我国制造业增加值率正相关，但不显著。随着进口技术复杂度提升，制造企业生产中投入的单位生产性服务所含的技术、知识密集度量增加，可以有效提高制造企业产出水平，提高制造业增加值率。同时，生产性服务进口技术复杂度提升意味着制造企业的生产成本投入增加，两种效用共同作用导致生产性服务进口技术复杂度提升对制造业增加值率仍有促进作用但不显著。

由于经济增长存在路径依赖，所以在解释变量中加入被解释变量的两期滞后项，为了解决形成的内生性问题，采用系统 GMM 两步法估计。系统 GMM 估计结果和固定效应估计结果一致，说明估计结果是稳健的（见表 4-7）。

表 4-7　生产性服务总体进口技术复杂度对制造业增加值率影响的稳健性检验

| 变量 | 系统 GMM |
|---|---|
| L1. Y | −0. 04106 <br> （−1. 40） |
| L2. Y | 0. 22252 *** <br> （−11. 42） |

续表

| 变量 | 系统 GMM |
|------|----------|
| TS | 0. 00109 |
| | (0. 41) |
| CPS | −0. 00016 *** |
| | (−19. 53) |
| K | −0. 00005 ** |
| | (−2. 55) |
| L | 0. 00747 |
| | (0. 47) |
| T | 6. 06813 *** |
| | (5. 50) |
| DR | 3. 56245 |
| | (0. 41) |
| SO | −1. 83806 ** |
| | (−1. 89) |
| Constant | −9. 80062 * |
| | (−1. 66) |
| AR（2） | 0. 2943 |
| Sargan | 0. 9996 |
| Wald chi2 | 0. 0000 |

## 4. 3. 2　分部门回归结果

在控制了其他变量后，在计量模型中加入核心解释变量：与货物有关的服务进口技术复杂度（TS（g_r）），运输服务进口技术复杂度（TS（trans）），金融服务进口技术复杂度（TS（fin）），知识产权使用费进口技术复杂度（TS（cip）），通信、计算机和信息服务进口技术复杂度（TS（tci））以及其他商业服务进口技术复杂度（TS（ob）），回归结果如表4-8所示。通过 Hausman 检验判断采用固定效应模型还是随机效应模型，检验结果显示拒绝原假设"$H_0$：$u_j$ 与 $x_{jt}$，$z_j$ 不相关"，应该使用固定效应模型，而非随机效应模型。

表 4-8 分部门回归结果

| 变量 | 固定效应 | 随机效应 |
|---|---|---|
| TS（g_r） | −0.01405 | 0.01842 |
| | （−1.06） | （1.39） |
| TS（trans） | 0.00043 | 0.00060 |
| | （0.51） | （0.71） |
| TS（fin） | −0.00239 | −0.00201 |
| | （−1.04） | （−0.84） |
| TS（cip） | −0.00353 | −0.00308 |
| | （−1.51） | （−1.32） |
| TS（tci） | −0.01192*** | −0.01218*** |
| | （−3.34） | （−3.51） |
| TS（ob） | −0.00014 | −0.0009 |
| | （−1.05） | （−0.71） |
| cps | −0.00012*** | −0.00015*** |
| | （−5.61） | （−9.46） |
| K | −0.00052*** | −0.00017 |
| | （−4.36） | （−1.60） |
| L | 0.00764 | 0.00354 |
| | （1.51） | （1.20） |
| T | 1.03386** | 1.33254* |
| | （2.21） | （1.84） |
| DR | 17.85019 | 2.68330 |
| | （1.31） | （0.45） |
| SO | −1.93897 | −0.99103 |
| | （−1.56） | （−0.86） |
| Constant | 36.82405*** | 44.87738*** |
| | （3.48） | （6.10） |
| $R^2$ | 0.6862 | 0.6703 |
| F/Wald chi2 test | 0.0000 | 0.0000 |

根据固定效应的回归结果可知：

第一，与货物有关服务进口技术复杂度（TS（g_r））与我国制造业增加值率负相关，但不显著。我国进口的与货物有关的服务主要是维修和保养服务，作为中间品对制造业的影响主要是降低生产成本和提升服务质量。随着与货物有关的服务进口技术复杂度的提升，造成了国内企业对进口的与货物有关服务的依赖，阻碍了我国制造业向高附加值环节延伸。由于与货物有关的服务进口规模较小，而且我国相关人才数量和技术水平逐渐提升，所以，与货物有关的服务进口技术复杂度提升对制造业增加值率增长具有抑制作用，但效果并不显著。

第二，运输服务进口技术复杂度（TS（tans））与制造业增加值率正相关，但不显著。运输服务与货物贸易密切相关，货物贸易往往可以带动运输服务的发展。运输服务是我国服务贸易的主要逆差部门，运输服务的国际竞争力较弱，与我国货物贸易第一大国的地位不匹配。随着科学技术的快速发展，运输服务由劳动密集型向资本、技术密集型转变，与运输服务业关系最密切的交通运输设备制造业同时属于技术、资本和劳动密集型产业。运输服务进口复杂度提升可以满足制造产业对高质量运输服务的需要，降低企业的交易成本，提高制造业增加值率。

第三，金融服务进口技术复杂度（TS（fin））与制造业增加值率负相关，但不显著。由于我国金融体系垄断程度较高，资源错配问题严重，中小企业融资困难，进口金融服务可以为中小企业在规模扩张和技术创新过程中提供金融支持。随着金融服务进口复杂度提升，制造业企业使用进口金融服务需要投入的生产成本大幅度增加，同时，如果生产过程中要素质量不匹配，反而导致投入效率低下或失败（华民，2006）。杨玲（2014）研究发现进口金融产品所提供的服务与上海科技企业的需求不匹配，更倾向于对低端技术企业的加工、制造等生产环节提供资金支持，对研发创新等环节没有明显促进作用。所以，通过进口金融服务获取资金支持促进制造企业开展生产活动，对制造业增加值率有促进作用，但随着进口复杂度提升，生产投入成本扩大的同时并不能与企业研发创新所需的要素相匹配，导致企业的经济效益下降。

第四，知识产权使用费进口技术复杂度（TS（cip））与制造业增加值率负相关，但不显著。2016 年我国知识产权受理发明专利申请连续六年居世界首位，企业的自主创新能力增强，企业占国内发明专利申请和授权的比例均超 60%，发明专利实现量质齐升，但是技术水平并不高。在部分领域专利布局和海外专利申请方面与国外仍有差距，国外专利使用量在我国的比重仍然很高，我国知识产权使用费处于逆差状态，逆差额持续增长。同时，高校作为科研创新的重要部门，专利技术转化为现实生产力的能力不容乐观。调查显示，每年高校的专利技术转化为现实生产力的比重不超 10%。提升制造产业的研发创新能力，不仅仅要扩大专利发明数量，更要提升专利技术转化为现实生产力的效率。知识产权使用费的进口复杂度提升，制造业企业购买国外专利导致生产成本提升，但是由于专利技术转化为现实生产力的效率较低，同时会形成依赖减弱研发创新的积极性，对制造业增加值率提升有负效应。

第五，通信、计算机和信息服务的进口技术复杂度（TS（tci））与制造业增加值率负相关，在 1% 的水平上显著。通信、计算机和信息服务是我国主要的顺差部门之一，2005～2016 年，我国通信、计算机和信息服务处于顺差状态，顺差额持续增长。我国通信、计算机和信息服务具有国际竞争优势，制造业生产中所需的通信、计算机和信息服务由国内服务企业提供，对制造产业增加值率的促进作用更加显著。随着进口通信、计算机和信息服务技术复杂度提升，制造业企业投入成本扩大的同时对产出的提升作用并不显著，对制造业经济效益有负效应。

# 4.4 本章小结

我国制造业的快速发展主要是凭借土地、劳动力以及环境规制低成本等传统优势，随着我国进入经济新常态，传统成本优势逐渐消失，我国制造产业的发展速度和增加值率明显下降。制造业转型升级的首要任务是提升制造业企业的经济效益，由粗放型增长方式转为集约型增长。本章从数量和质量角度分析了生产性服务进口对制造业增加值率的影响。生产性服务进口数量包括跨境贸易和商业存在（直接投资）两种形式的进口规模，以生产性服务进口复杂度来度量我国生产性服务进口质量，并且分析了不同生产性服务部门对制造业增加值率影响的差异性。生产性服务进口作为计量模型的核心解释变量，同时加入了6个影响制造业增加值率的控制变量。

回归结果表明，总体来看，生产性服务进口贸易对我国制造业增加值率提升有显著促进作用，生产性服务业直接投资对制造业增加值率有促进作用，但效果不显著。制造业企业通过进口可以获得生产所需的生产性服务，服务产品与企业的各生产要素的匹配程度高于直接投资，所以直接进口生产性服务产品对制造业增加值率的促进作用明显比直接投资的促进作用强。

分部门来看，首先，与货物有关的服务和其他商业服务、知识产权使用费进口贸易与我国制造业增加值率显著负相关；通信、计算机和信息服务进口贸易与我国制造业转型升级负相关，但效果不显著；金融服务进口贸易对我国制造业增加值率有显著促进作用，运输服务进口贸易对我国制造业增加值率有促进作用，但效果不显著。其次，金融业直接投资对我国制造业增加值率有显著促进作用；租赁和商务服务业，信息传输、计算机服务和软件业直接投资对我国制造业增加值率有促进作用，但效果不显著；交通运输、仓储和邮政业，科学研究、技术服务和地质勘查业直接投资与我国制造业增加值率显著负相关。

　　生产性服务总体进口技术复杂度与我国制造业增加值率正相关，但效果不显著。不同部门的进口技术复杂度对制造业增加值率的影响不同，并且与进口规模的影响有差异。与货物有关服务和运输服务的进口技术复杂度与我国制造业增加值率正相关，但不显著。金融服务、知识产权使用费和其他商业服务的进口技术复杂度与制造业增加值率负相关，但不显著。通信、计算机和信息服务进口技术复杂度对制造业增加值率有显著负效应。

# 第5章 生产性服务进口对制造业
# 全要素生产率的影响

生产效率是生产厂商对生产要素的利用效率，体现了生产厂商的生产和竞争能力。制造业的生产效率是实现我国由制造业大国转变为制造业强国的关键因素之一，是制造业转型升级重点关注的问题。本章以全要素生产率度量制造产业的生产效率，研究生产性服务进口对制造业全要素生产率的影响。首先采用 DEA-Malmquist 指数测算 28 个制造行业的全要素生产率指数和各分解项指数。然后以生产性服务进口为核心解释变量，分别从量和质的角度实证分析其对制造业全要素生产率的影响，并且进一步分析生产性服务进口部门影响的差异性。

## 5.1 我国制造业的全要素生产率

### 5.1.1 全要素生产率测算方法

全要素生产率可以通过平均生产函数和前沿生产函数方法测算，自 20 世纪 90 年代以来，国内外学者更多采用前沿生产函数方法测算全要素生产率。与平均生产函数相比，前沿生产函数模型区分了技术进步和随机噪声，并且考虑到了技术无效率。利用前沿生产函数测算全要素生产率的分析方法包括非参数方法和参数方法，非参数方法为数据包络分析法（Data Envelopment Analysis，DEA），参数方法为随机分界分析法（Stochastic Frontier Analysis，SFA）。参数方法和非参数方法各有优缺点，参数方法先测算出生产函数的具体形式再计算生产率，优点是能够准确识别随机因素产生的影响，缺点是要求样本容量足够大，如果模型设定不准确估计结果会出现偏差。非参数方法不用测算出具体的生产函数，对样本容量要求不高，可以避免模型设定错误导致的估计偏差，但无法准确识别随机因素产生的影响。结合本书的研究对象和样本特点，采用 Fare 等（2008）构建的 DEA-Malmquist 指数测算制造业全要素生产率。Malmquist 生产率指数（tfpch，TFP）可以分解为技术变化（techch，TC）和技术效率变化（effch，TEC），技术效率变化可以分解为纯技术效率变化（pech，PTEC）和规模效率变化（sech，SEC），公式如下：

$$TFP = TC \times TEC = TC \times (PTEC \times SEC) \tag{5-1}$$

式中，技术变化通过比较不同时期的生产前沿面的移动表示技术变动，即相同投入在不同时期的最优产出水平之比。技术效率通过比较不同时期决策单元相对于生产前沿面的距离表示技术效率的变动，即不同时期的实际产出水平与实际产出水平和最优产出水平的距离之比。规模效率反映了决策单元的实际规模与最优生产规模的差距，规模效率变动是决策单元朝着最优生产规模变动的能力。当技术变化和技术效率变化大于 1 时，表示它们可以促进全要素生产率增长，反之下降。同理可以解释纯技术效率和规模效率变化对技术效率变化的影响。

### 5.1.2 我国制造业全要素生产率的计算和分解

根据 DEA-Malmquist 指数测算全要素生产率所需要的指标，本书选择 28个制造行业的产成品（亿元）作为产出指标，投入指标为固定资产（亿元）和从业人员数量（万人）。

本书通过 DEAP2.1 软件来测算 28 个决策单元的全要素生产率指数和各项分解指数，测算结果如表 5-1 所示，表中是 2005~2014 年 28 个制造行业的全要素生产率指数和各项分解指数均值[①]。

表 5-1　2005~2014 年制造产业的各项生产率指数

| 制造产业 | effch | techch | pech | sech | tfpch |
|---|---|---|---|---|---|
| 农副食品加工业 | 1.113 | 0.973 | 1.026 | 1.078 | 1.042 |
| 食品制造业 | 1.084 | 0.985 | 1.012 | 1.060 | 1.027 |
| 酒、饮料和精制茶制造业 | 1.024 | 1.000 | 1.018 | 1.026 | 1.000 |
| 烟草制品业 | 1.008 | 0.992 | 1.027 | 1.024 | 0.989 |
| 纺织业 | 1.008 | 1.023 | 1.030 | 1.024 | 0.989 |
| 纺织服装、服饰业 | 1.265 | 1.011 | 1.041 | 1.252 | 1.222 |
| 皮革、毛皮、羽毛及其制品和制鞋业 | 1.220 | 1.015 | 1.016 | 1.193 | 1.145 |
| 木材加工和木、竹、藤、棕、草制品业 | 1.267 | 1.025 | 1.019 | 1.218 | 1.178 |
| 家具制造业 | 0.980 | 1.025 | 0.986 | 0.990 | 0.968 |
| 造纸和纸制品业 | 1.065 | 1.040 | 0.972 | 1.100 | 0.994 |
| 印刷和记录媒介复制业 | 1.026 | 1.041 | 0.963 | 1.057 | 0.962 |
| 文教、工美、体育和娱乐用品制造业 | 1.058 | 1.012 | 0.962 | 1.096 | 0.992 |
| 石油加工、炼焦和核燃料加工业 | 1.046 | 1.049 | 0.970 | 1.065 | 1.019 |
| 化学原料和化学制品制造业 | 1.077 | 1.065 | 0.985 | 1.087 | 1.070 |
| 医药制造业 | 1.065 | 1.036 | 0.970 | 1.073 | 1.029 |
| 化学纤维制造业 | 1.038 | 0.997 | 0.987 | 1.058 | 1.040 |

---

[①] 28 个制造行业每年的全要素生产率指数和各项分解指数可在附录中查看。

| 制造产业 | effch | techch | pech | sech | tfpch |
|---|---|---|---|---|---|
| 橡胶和塑料制品业 | 1.072 | 0.993 | 1.012 | 1.050 | 1.129 |
| 非金属矿物制品业 | 1.034 | 0.999 | 1.042 | 0.978 | 1.083 |
| 黑色金属冶炼和压延加工业 | 1.012 | 1.008 | 1.034 | 0.983 | 1.046 |
| 有色金属冶炼和压延加工业 | 1.050 | 1.013 | 1.057 | 0.986 | 1.100 |
| 金属制品业 | 1.040 | 1.012 | 1.050 | 0.992 | 1.044 |
| 通用设备制造业 | 1.055 | 1.006 | 1.059 | 1.012 | 1.050 |
| 专用设备制造业 | 1.049 | 1.000 | 1.010 | 1.037 | 1.043 |
| 交通运输设备制造业 | 1.164 | 1.003 | 1.068 | 1.078 | 1.163 |
| 电气机械和器材制造业 | 1.044 | 1.057 | 1.042 | 0.993 | 1.091 |
| 计算机、通信和其他电子设备制造业 | 1.050 | 1.065 | 1.044 | 1.019 | 1.100 |
| 仪器仪表制造业 | 1.133 | 1.070 | 1.073 | 1.038 | 1.254 |
| 其他制造业 | 1.143 | 1.083 | 1.063 | 1.065 | 1.276 |
| Mean | 1.078 | 1.021 | 1.019 | 1.058 | 1.101 |

由 28 个制造行业 2005~2014 年的全要素生产率和各分解项指数可知：

首先，制造业的全要素生产率整体呈现增长趋势。全要素生产率增长率超过 10%的行业有仪表仪器制造业（25.4%），纺织服装、服饰业（22.2%），交通运输设备制造业（16.3%），木材加工和木、竹、藤、棕、草制品业（17.8%），皮革、毛皮、羽毛及其制品和制鞋业（14.5%），橡胶和塑料制品业（12.9%）以及计算机，通信和其他电子设备制造业（10%）。全要素生产率呈负增长的行业有印刷和记录媒介复制业（-3.8%）、家具制造业（-3.2%）、烟草制造业（-1.1%）、纺织业（-1.1%）以及造纸和纸制品业（-0.6%）。28 个制造产业的全要素生产率平均增长了 10.1%，其中技术密集型产业增长幅度最大。

其次，技术效率变动对全要素生产率变动的贡献高于技术进步。除家具制造业外，其余 27 个制造行业的技术效率都呈增长趋势，增长幅度较大的行业有木材加工和木、竹、藤、棕、草制品业（26.7%），纺织服装、服饰业

（26.5%），以及皮革、毛皮、羽毛及其制品和制鞋业（22%）等。技术变动指数显示，农副产品加工业（-2.7%）、食品制造业（-1.5%）、烟草制造业（-0.8%）、橡胶和塑料制品业（-0.7%）、化学纤维制造业（-0.3%）以及非金属矿物制品业（-0.1%）的技术呈下降趋势，其他行业呈增长趋势。仪器仪表制造业（7%），计算机、通信和电子设备制造业（6.5%），化学原料和化学制品制造业（6.5%）以及电气机械和器材制造业（5.7%）的技术进步幅度较大。

最后，规模效率变动对技术效率变动的贡献高于纯技术效率变动，我国制造行业生产进步主要源于规模扩张。规模效率变动指数显示，非金属矿物制品业（-2.2%）、黑色金属冶炼和压延加工业（-1.7%）、有色金属冶炼和压延加工业（-1.4%）、家具制造业（-1%）、金属制品业（-0.8%）以及电气机械和器材制造业（-0.7%）的规模效率呈下降趋势，其他行业的规模效率呈增长趋势。纯技术效率变动指数显示，印刷和记录媒介复制业（-3.7%），石油加工、炼焦和核燃料加工业（-3%），医药制造业（-3%），造纸和纸制品（-2.8%），化学原料和化学制品制造业（-1.5%），家具制造业（-1.4%）以及化学纤维制造业（-1.3%）的纯技术效率呈下降趋势，其他行业的纯技术效率呈增长趋势。

# 5.2  变量和模型设定

假设生产函数为柯布—道格拉斯生产函数，则制造业的产出函数如下：

$$Y = AK^{\alpha}L^{\beta} \tag{5-2}$$

式中，Y 为产出，A 为综合技术水平，K 为资本投资，L 为劳动力投入。

随着生产方式和产品需求的变化，越来越多的国家和企业重视生产的服务化水平，生产性服务作为制造业生产的中间产品，投入量逐渐增大，对生产方式和产品结构、质量有重要影响。把生产性服务加入到生产函数中，公式如下：

$$Y = AK^{\alpha}L^{\beta}S^{\gamma} \tag{5-3}$$

式中，S 代表生产性服务，全要素生产率的计算公式如下：

$$TFP = \frac{Y}{K^{\alpha}L^{\beta}} = AS^{\gamma} \tag{5-4}$$

在开放经济下，生产性服务供给来自国内和国外两种渠道，生产性服务进口包括跨境贸易（IPS）和商业存在（IFDI）。随着科技革命在全球范围内的蓬勃发展，一国或企业的综合技术水平随之迅速提升。翟华云和方芳（2014）研究发现研发投入水平高的企业发展更快，李爽（2016）以新能源企业作为研究对象，发现企业内部研发投入强度可以显著促进技术创新效率。另外，研发创新活动有助于提升企业吸收和利用外部信息的能力，如对其他企业新技术模仿和改进等。一国或企业的科研创新能力决定了其综合技术水平，科研创新能力的提升以研发投入强度（T）为基础。在经济、科技和信息全球化的形势下，与物资资本相比，人力资本具有更加强大的能量，是决定一国或地区发展水平的核心要素。20 世纪 60 年代，美国经济学家舒尔茨和贝克尔创立了人力资本理论，开辟了探索人类生产能力的新思路。人力资本即对生产者进行教育、培训及在接受教育时的机会成本总和，体现在生产者身上的知识、劳动与管理技能等存量总和。许多学者从不同的角度研究发现人力资本可以有效促进技术进步（官华平和谌新民，2011；薛继亮，2015）。人力资本作为影响一国或企业综合技术水平的关键因素之一，本书把人力资本（RQ）作为解释变量加入计算公式。所以全要素生产率的计算公式如下：

$$TFP = PS^{\gamma_1} \times IFDI^{\gamma_2} \times CPS^{\gamma_3} \times T^{\delta_1} \times RQ^{\delta_2} \tag{5-5}$$

为了消除异方差，对公式两端同时取对数，得到如下基本计量模型：

$$\ln TFP_{it} = \beta_0 + \beta_1 \ln IPS_t + \beta_2 \ln IFDI_t + \beta_3 \ln CPS_t + \beta_4 \ln T_{it} + \beta_5 \ln RQ_t + \xi_{it} \qquad （5-6）$$

式中，i 为产业；t 为年份；$TFP_{it}$ 为上文测算的制造行业的全要素生产率；$IPS_t$ 为我国生产性服务跨境贸易进口总量，单位是亿元，数据来自联合国贸发会议数据库；$IFDI_t$ 为我国生产性服务业 FDI 的有效使用金额，单位是亿元，数据来自《中国统计年鉴》；$CPS_t$ 为我国生产性服务业产出水平，单位是亿元，数据来自《中国统计年鉴》；$T_{it}$ 为规模以上制造企业的制造产业的研发投入强度，以规模以上制造企业的科研经费投入与主营业务收入之比度量，数据根据国家科技部发布的《全国科研经费投入统计公报》和《中国统计年鉴》整理；$RQ_t$ 为人力资本，以规模以上工业企业研究与试验人员数量度量，单位是万人，数据来自《中国统计年鉴》；$\xi_{it}$ 为随机误差项。

由于被解释变量是制造业全要素生产率，所以对各全要素生产率指数进行变换。运用 Malmquist 指数测算的全要素生产率是相对于上一期的变化率，如果第 t 年的 TFP 指数为 $X_t$，第 t+1 年的 TFP 指数为 $X_{t+1}$，则第 t+1 年的全要素生产率为 $X_t \times X_{t+1}$，以此方式推算出制造行业 2005~2014 年的全要素生产率。

# 5.3  实证结果分析

## 5.3.1  生产性服务进口总量实证分析

### 5.3.1.1  总体回归

根据上文设定的模型和变量进行实证分析，结果如表 5-2 所示。通过 Hausman 检验判断采用固定效应模型还是随机效应模型，Hausman 检验的结果显示拒绝原假设"$H_0$：$u_j$ 与 $x_{jt}$，$z_j$ 不相关"，应该使用固定效应模型，而非随机效应模型。

表 5-2　生产性服务进口总量回归结果

| 变量 | 固定效应 | 随机效应 |
|------|---------|---------|
| LnIPS | 0. 28178 *** | 0. 27608 *** |
|  | （2. 85） | （2. 73） |
| LnIFDI | 0. 03975 | 0. 01145 |
|  | （0. 10） | （0. 03） |
| LnCPS | − 3. 19049 *** | − 3. 21256 *** |
|  | （− 7. 39） | （− 7. 54） |
| LnT | 0. 02251 | 0. 22059 |
|  | （0. 12） | （0. 73） |
| LnRQ | 3. 12464 *** | 3. 06960 *** |
|  | （6. 69） | （6. 65） |
| Constant | − 12. 05016 *** | − 11. 22915 *** |
|  | （− 5. 46） | （− 5. 28） |
| $R^2$ | 0. 4067 | 0. 4428 |
| F/Wald chi2 test | 0. 0000 | 0. 0000 |

注：*、**、*** 分别表示变量在 10%、5%、1% 的水平上显著；括号内是各变量的 t/z 统计量；最后一行是 F/Wald chi2 检验的 p 值。下同。

分析固定效应模型的回归结果可以得到以下结论：

第一，生产性服务进口贸易与制造业全要素生产率正相关，在 1% 的水平上显著。在全球范围内，制造业生产投入服务化趋势逐渐增强，生产性服务在制造业生产要素中的地位越来越重要。发达国家的高端制造业发达，其制造业的生产服务化水平和整体生产效率明显优于我国。黄勇峰和任若恩（2002）分析发现，美国制造业的全要素生产率大约是我国制造业全要素生产率的 5 倍。以美国为首的发达国家的生产性服务的专业化程度较高，与制造业生产可以更好地契合。所以，从发达国家进口先进的生产性服务可以有效提高我国制造业全要素生产率。

第二，生产性服务业直接投资与制造业全要素生产率正相关，但不显著。Markusen（1989）构建理论模型证明生产性服务业 FDI 能够提高东道国工业企业的生产效率。引进国际直接投资是我国获得先进技术、资本等支持的有效办法，直接投资的技术溢出效应可以促进我国制造业生产效率提升。但是调查显示，我国利用外资的技术溢出效应较低，国内企业与外资企业合作或开展业务时获得的是一般标准化技术，核心技术仍然掌握在外资企业手中。另外，Borenszteina 等（1998）的研究显示，只有在东道国具备吸收先进技术的能力时，外国直接投资才能有助于经济增长。生产性服务业直接投资对制造业全要素生产率的作用与制造企业吸收先进技术的能力有关，现阶段我国制造业产品的附加值较低，对先进技术的吸收能力有待提高。所以生产性服务业直接投资可以促进我国制造产业全要素生产率提升，但效果不显著。

第三，我国生产性服务业产出与制造业全要素生产率负相关，在 1% 的水平上显著。生产性服务是从制造业内部生产性服务部门发展起来的新兴产业，依附于制造业，主要投入品为人力资本和知识资本。生产性服务作为知识、技术密集型产品，增加其在制造业生产中的投入量虽然可以改善制造业的生产模式、生产技术及产品质量等，但是调查显示，我国制造业对生产性服务业的依存度较低（刘浩和原毅军，2010）。在经济新常态下，制造业和服务业都需要投入大量的人力资本和知识资本来实现集约型增长，由于交通运输、仓储和邮政业，信息传输、计算机服务和软件业以及科学研究、技术服务和地质勘查业短期内需要投入大量的资本、人力，这三个生产性服务业对制造业生产效率有抑制作用（彭湘君和曾国平，2014）。所以，在我国生产性服务业需要大力发展阶段，生产性服务业产出对制造业全要素提升具有抑制作用。

第四，研发投入强度和人力资本都与制造业全要素生产率正相关，前者不显著，后者在 1% 的水平上显著。由于我国制造企业的自主研发能力不强，研发转化为现实生产力的水平较低，所以虽然研发投入强度增大可以促进全要素生产率提升但作用不显著。人力资本可以显著促进全要素生产率提升，加快人力资本的积累，是减少外部冲击对我国制造业的消极影响、推进转型升级的有效途径之一。

由于解释变量和被解释变量可能存在反向因果关系，为了缓解内生性解释变量滞后两期，重新回归（见表 5-3）。

表 5-3　生产性服务进口总量解释变量滞后两期回归结果

| 变量 | 固定效应 | 随机效应 |
|---|---|---|
| L2. LnIPS | 0. 52218 *** <br> （2. 84） | 0. 52753 *** <br> （2. 96） |
| L2. LnIFDI | 0. 98212 <br> （1. 57） | 1. 06013 <br> （1. 36） |
| L2. LnCPS | −2. 49782 *** <br> （−3. 67） | −1. 75055 *** <br> （−7. 54） |
| L2. LnT | 0. 05951 <br> （0. 41） | 0. 06833 <br> （1. 53） |
| L2. LnRQ | 3. 95651 *** <br> （4. 50） | 4. 17453 *** <br> （3. 58） |
| Constant | −24. 32421 *** <br> （−4. 43） | −24. 82677 *** <br> （−3. 50） |
| $R^2$ | 0. 3744 | 0. 3428 |
| F/Wald chi2 test | 0. 0000 | 0. 0008 |

对比表 5-2 和表 5-3 的回归结果可知，在考虑了内生性后回归结果和初始回归结果差异不大，所以初始回归结果比较可靠。

我国把国民经济行业中研究与试验发展（R&D）投入强度相对较高的产业称为高技术产业，以《国民经济行业分类》（GB/T 4754-2011）为基础对国民经济行业中符合高技术产业范畴的相关活动重新分类。根据高技术产业的范畴，28 个制造产业中属于高技术产业的有医药制造业，交通运输设备制造业，电气机械和器材制造业，计算机、通信和其他电子设备制造业，仪表仪器制造业以及专用设备制造业，共 6 个制造行业，其他 22 个制造行业称为一般产业。本书以高技术产业和一般产业作为分类标准把全样本分为两个子样本重新回归，回归结果作为参考。

由表5-4 的回归结果可知，高技术产业和一般产业的差异主要体现在生产性服务业直接投资对制造业全要素生产率的影响。生产性服务业直接投资对高技术产业和一般技术产业的全要素生产率都有促进作用，前者在 1% 的水平上显著，后者不显著。由于高技术产业的研发能力和技术水平都较高，对先进技术的吸收能力更强，对制造业全要素生产率有显著促进作用。对一般产业而言，生产性服务业直接投资的技术溢出效应较弱，所以对全要素生产率的促进作用不显著。两个子样本的回归结果与假设一致，初始回归稳健。

表 5-4　生产性服务进口总量稳健性检验

| 变量 | 高技术产业 | | 一般产业 | |
|---|---|---|---|---|
| | 固定效应 | 随机效应 | 固定效应 | 随机效应 |
| lnIPS | 0.81598** | 0.78257** | 0.14893* | 0.14911* |
| | (2.62) | (2.47) | (1.81) | (1.84) |
| lnIFDI | 1.85405*** | 1.91458** | −0.48678 | −0.54331 |
| | (3.02) | (2.10) | (−1.31) | (−1.42) |
| lnCPS | −4.09847*** | −3.98158** | −2.98039*** | −2.97529*** |
| | (−3.15) | (−2.56) | (−8.07) | (−8.10) |
| lnT | 0.18660 | 0.04505 | 0.03122 | 0.15719 |
| | (0.89) | (0.24) | (0.16) | (1.09) |
| lnRQ | 2.50492** | 2.35532* | 3.35418*** | 3.38593*** |
| | (2.10) | (1.57) | (6.78) | (6.86) |
| $R^2$ | 0.3077 | 0.3776 | 0.2010 | 0.2010 |
| F/Wald chi2 test | 0.0027 | 0.0000 | 0.0000 | 0.0000 |

### 5.3.1.2　分部门回归

由于生产性服务各部门具有较大的差异性，为了准确分析其对全要素生产率的具体影响，分别以生产性服务跨境贸易和直接投资的各进口部门作为核心解释变量进行回归分析。在控制了其他变量后，把生产性服务跨境贸易进口部门作为核心解释变量加入模型，分别是运输服务（TRANS），金融服务（FIN），知识产权使用费（CIP），通信、计算机和信息服务（TCI）以及与货物有关的服务和其他商业服务（G_B）；然后把生产性服务业直接投资的各部门作为核心解释变量加入模型，分别是交通运输、仓储和邮政业 FDI（IFDI（trans）），金融业 FDI（IFDI（fin）），科学研究、技术服务和地质勘查业 FDI（IFDI（re）），信息传输、计算机服务和软件业 FDI（IFDI（in））以及租赁和商务服务业 FDI（IFDI（rent））。回归结果如表 5-5 所示。

表 5-5　生产性服务异质性分析

| 变量 | 固定效应 | | 随机效应 | |
|---|---|---|---|---|
| | 模型 1 | 模型 2 | 模型 1 | 模型 2 |
| lnG_B | 0.08646*<br>（1.96） | | −0.08647*<br>（1.93） | |
| lnTRANS | −0.59720<br>（−1.22） | | −0.55568<br>（−1.11） | |
| lnFIN | 0.07271<br>（0.55） | | 0.08035<br>（0.58） | |
| lnCIP | 0.13483<br>（0.95） | | 0.04563<br>（0.98） | |
| lnTCI | −0.64219<br>（−1.31） | | −0.60558<br>（−1.22） | |
| lnIFDI（rent） | | −0.53752<br>（−0.97） | | −0.50064<br>（−0.91） |
| lnIFDI（trans） | | 0.440135*<br>（1.89） | | 0.44731*<br>（1.92） |

续表

| 变量 | 固定效应 | | 随机效应 | |
|---|---|---|---|---|
| | 模型 1 | 模型 2 | 模型 1 | 模型 2 |
| lnIFDI（fin） | | 0.08486<br>（0.80） | | 0.07685<br>（0.72） |
| lnIFDI（re） | | 0.59037<br>（0.20） | | 0.11655<br>（0.39） |
| lnIFDI（in） | | −0.07090<br>（−0.18） | | −0.08858<br>（−0.22） |
| lnIPS | | 0.00631 **<br>（2.59） | | 0.03293 ***<br>（3.15） |
| lnIFDI | 0.30242<br>（0.54） | | 0.29519<br>（0.51） | |
| lnCPS | −0.85566 **<br>（2.18） | −3.45746 ***<br>（−5.60） | −0.91691 **<br>（2.20） | −3.56858 ***<br>（−6.06） |
| lnT | 0.00037<br>（0.82） | 0.17006<br>（0.98） | 0.08540<br>（0.83） | 0.26557<br>（0.15） |
| lnRQ | 1.23430 *<br>（1.94） | 3.58166 ***<br>（7.69） | 1.26624 **<br>（2.13） | 3.59211 ***<br>（7.72） |
| Constant | −3.50302<br>（−0.48） | −12.28681 ***<br>（−3.97） | −3.51757<br>（−0.46） | −11.92213 ***<br>（−3.79） |
| $R^2$ | 0.3182 | 0.3392 | 0.3549 | 0.3392 |
| F/Wald chi2 test | 0.0000 | 0.0000 | 0.0000 | 0.0000 |

表 5-5 中的模型 1 和模型 2 分别是以各生产性服务贸易部和生产性服务业直接投资部门作为核心解释变量的回归结果。分析模型 1 的回归结果可以发现：

第一，与货物有关的服务和其他商业服务（G_B）与制造业全要素生产率正相关，在 10% 的水平上显著。与货物有关的服务主要包括加工贸易服务、维修服务等。加工贸易是我国对外贸易的重要组成部分，虽然在金融危机以后其比重有所下降，但仍在 30% 以上。开展加工贸易可以促进我国制造业发展、优化制造业结构以及提升制造产品质量。从发达国家进口维修服务，制造业企业可以获得更加专业化的服务，提高生产效率。

第二，运输服务（TRANS）与制造业全要素生产率负相关，但不显著。我国货物贸易进出口所需的海洋运输服务 90% 是从国外进口的，这与我国世界第一大货物贸易国的地位不相符。运输是使制造业企业的各个生产环节有效衔接和运转的关键因素，高效率的运输服务可以有效提升企业生产效率。由于国家间具有不同的文化背景，进口的运输服务在衔接各个生产环节时需要一定程度的磨合，并不能有效提升全要素生产率。另外，与运输服务关系最直接、最密切的制造产业是交通运输设备制造业，通过进口把运输环节外包出去，对交通运输设备制造业的发展有消极影响。所以进口运输服务对我国制造业全要素生产率的总体作用为负。

第三，金融服务（FIN）与我国制造业全要素生产率正相关，但不显著。我国的金融体系垄断程度较高，资源错配问题严重，中小微企业融资困难，进口金融服务可以为中小微企业在规模扩张和技术创新过程中提供金融支持。由于我国资本市场开放程度较低，进口金融服务在制造业生产要素中的比重较低，对制造业全要素的促进作用不显著。

第四，知识产权使用费（CIP）与制造业全要素生产率正相关，但不显著。2016 年，我国知识产权受理发明专利申请连续 6 年居世界首位，企业的自主创新能力增强，企业占国内发明专利申请和授权的比例均超 60%，发明专利实现量质齐升。专利布局和海外专利申请方面，在部分领域我国与国外仍有差距，国外专利使用量在我国的比重仍然很高，我国知识产权使用费处于逆差状态，逆差额持续增长。通过进口发达国家的专利技术可以满足制造业生产需求，推进制造业全要素生产率提高。由于知识产权的特殊性，我国在进口知识产权时获得的只是标准技术，所以知识产权使用费进口数量增多可以促进我国制造业全要素生产率，但作用不显著。

第五，通信计算机和信息服务（TCI）与制造业全要素生产率负相关，但不显著。2005~2016年，我国通信、计算机和信息服务处于顺差状态，顺差额增长了122.98倍。我国的通信、计算机和信息服务具有国际竞争优势，进口通信、计算机和信息服务数量增加会降低我国整体制造业中间投入要素质量，不利于全要素生产率增长。

分部门回归结果显示，大部分生产性服务进口部门对制造业全要素生产率作用不显著，主要是因为各个部门的进口规模与我国制造业生产的需求量有较大差距，对制造业全要素生产率产生影响的程度有限。其余控制变量与全样本初始回归结果差异不大。

分析模型2的回归结果可知：

第一，交通运输、仓储和邮政业直接投资（IFDI（trans））与制造业全要素生产率正相关，在10%的水平上显著。与发达国家相比，我国运输服务业的发展还处于初级阶段，通过引进运输服务业直接投资获得资金和技术支持，增强制造企业运输环节的专业化程度，有效提升全要素生产率。

第二，金融业直接投资（IFDI（fin））与制造业全要素生产率正相关，但不显著。金融业直接投资可以为我国制造企业提供资本支持，但由于我国资本市场开放程度不高，引进的金融业直接投资更多是为跨国公司服务。所以，金融业直接投资对制造业全要素生产率的促进作用有限。

第三，科学研究、技术服务和地质勘查业直接投资（IFDI（re））与制造业全要素生产率正相关，但不显著。以资金和技术形式引进科学研究、技术服务和地质勘查业直接投资可以提高我国的研发水平和科研创新能力，提升制造业全要素生产率。由于直接投资的技术外溢效应和我国制造企业吸收先进技术的能力较低，科学研究、技术服务和地质勘查业直接投资不能显著提升我国制造业全要素生产率。

第四，信息传输、计算机服务和软件业直接投资（IFDI（in））和租赁和商务服务直接投资（IFDI（rent））均与制造业全要素生产率负相关，但不显著。2015 年，我国对外投资报告显示，租赁和商务服务业是我国海外兼并或收购的第一大行业，我国的租赁和商务服务具有较强的竞争优势。引进租赁和商务服务业直接投资主要是为在我国的外国跨国公司分工生产提供专业化服务而引进的直接投资，同时会和我国国内制造企业争夺有限的生产资源，所以租赁和商务服务业直接投资并不能促进我国制造业全要素生产率提高。由于信息传输、计算机服务和软件业涉及国家或企业的安全问题，直接投资的溢出效应较小。我国的通信、计算机和信息服务具有较强的国际竞争力，引进信息传输、计算机和软件业直接投资并不能提升我国通信、计算机和信息服务总体供给质量，对制造全要素生产率也没有促进作用。

由于我国市场还有很大的开放空间，引进生产性服务业对外直接投资规模较小，各生产性服务行业引进的对外直接投资对我国制造业全要素生产率的影响程度不高。其余控制变量与全样本初始回归结果差异不大。

### 5.3.2　生产性服务进口技术复杂度实证分析

上文从总体和分行业的角度分析了生产性服务进口规模对我国制造业全要素生产率的影响，接下来分析生产性服务进口技术复杂度对制造业全要素生产率的影响，计量方程如下：

$$\ln TFP_{it} = \beta_0 + \beta_1 \ln TS_t + \beta_2 \ln CPS_t + \beta_3 \ln T_{it} + \beta_4 \ln RQ_t + \xi_{it} \qquad (5-7)$$

式中，i 为产业；t 为年份；$TFP_{it}$ 为上文测算的制造产业的全要素生产率；$TS_t$ 为上文第三章测算的我国生产性服务进口技术复杂度，数据来自联合国贸发会议数据库；控制变量与上文相同，$CPS_t$ 为我国生产性服务业产出水平，单位是亿元，数据来自《中国统计年鉴》；$T_{it}$ 为规模以上制造企业的制造产业的研发投入强度，以规模以上制造企业的科研经费投入与主营业务收入之比度量，数据根据国家科技部发布的《全国科研经费投入统计公报》

和《中国统计年鉴》整理；$RQ_t$ 为人力资本，以规模以上工业企业研究与试验人员数量度量，单位是万人，数据来自《中国统计年鉴》；$\xi_{it}$ 为随机误差项。

### 5.3.2.1 总体回归

以生产性服务的进口技术复杂度作为核心解释变量，实证分析其对我国制造业全要素生产率的影响。通过 Hausman 检验判断采用固定效应模型还是随机效应模型，检验结果显示拒绝原假设"$H_0$：$u_j$ 与 $x_{jt}$，$z_j$ 不相关"，应该使用固定效应模型，而非随机效应模型。

如表 5-6 所示，分析固定效应模型的回归结果可以发现，核心解释变量生产性服务进口技术复杂度与我国制造业全要素生产率正向相关，但不显著。随着生产性服务进口技术复杂度提升，我国制造企业中间投入的生产性服务产品结构和质量优化，促进全要素生产率提升。生产性服务进口技术复杂度对制造业全要素生产率的促进作用不显著，主要有两方面原因：一是与我国制造业生产所需生产性服务特点有关，虽然近年来我国高端制造业迅速发展，但是我国制造业仍然以技术含量较低的产品为主，制造业企业生产投入的主要是标准技术水平生产性服务需求较大，对技术复杂度较高的生产性服务需求较少；二是有些生产性服务类别涉及国家或企业的安全问题，进口贸易的技术溢出效应较低，虽然生产性服务进口技术复杂度提升，但我国制造业企业生产中实际获得的技术含量提升空间有限。所以，生产性服务进口技术复杂度提升可以促进我国制造业全要素生产率增长，但效果不显著。

表 5-6  生产性服务进口技术复杂度全样本回归结果

| 变量 | 固定效应 | 随机效应 |
|------|----------|----------|
| lnTS | 0.56436<br>（0.48） | 0.76533<br>（0.65） |

续表

| 变量 | 固定效应 | 随机效应 |
|---|---|---|
| lnCPS | −2.57291 *** <br> (−5.30) | −2.62744 *** <br> (−5.45) |
| lnT | 0.16491 <br> (0.96) | 0.26000 <br> (0.83) |
| lnRQ | 2.63057 *** <br> (6.19) | 2.66198 *** <br> (6.33) |
| Constant | −14.9434 <br> (−1.28) | −16.91583 <br> (−1.43) |
| R² | 0.4428 | 0.3392 |
| F/Wald chi2 test | 0.0000 | 0.0000 |

由于解释变量和被解释变量可能存在反向因果关系，为了缓解内生性问题，与上文进口总量作为研究对象时的处理方法相同，把解释变量滞后两期重新回归。在考虑了内生性后回归结果和初始回归结果差异不大，所以初始回归结果比较可靠（见表 5-7）。

表 5-7　生产性服务进口技术复杂度解释变量滞后两期回归结果

| 变量 | 固定效应 | 随机效应 |
|---|---|---|
| L2. lnTS | 4.11813 <br> (0.65) | 4.40303 <br> (0.72) |
| L2. lncps | −0.03961 *** <br> (−4.06) | −0.05967 *** <br> (−3.09) |
| L2. lna | 0.16491 <br> (0.96) | 0.47664 <br> (0.87) |
| L2. lnrq | 0.42619 *** <br> (4.06) | 0.47664 *** <br> (4.46) |
| Constant | −35.70229 *** <br> (−3.45) | −37.60094 *** <br> (−3.68) |
| R² | 0.4129 | 0.3201 |
| F/Wald chi2 test | 0.0000 | 0.0000 |

同样以高技术产业和一般产业作为分类标准把全样本分为两个子样本重新回归。由表5-8的固定效应回归结果可知，高技术产业和一般产业的差异主要体现在生产性服务进口技术复杂度对制造业全要素生产率的影响。生产性服务进口技术复杂度对高技术产业和一般技术产业的全要素生产率都有促进作用，前者在1%的水平上显著，后者不显著。由于高技术产业的研发能力和技术水平都较高，生产中所需的生产性服务进口技术复杂度较高，生产性服务进口技术复杂度提升对全要素生产率有显著促进作用。一般产业生产中所需的生产性服务进口技术复杂度较低，所以生产性服务进口技术复杂度提升并不能显著提高全要素生产率。进一步验证了我国制造业以一般产业为主，制造业企业生产中所需的生产性服务进口技术复杂度较低，随着生产性服务进口技术复杂度提升对我国制造业全要素生产率有促进作用但效果不显著，所以初始回归是稳健的。

**表5-8　生产性服务进口技术复杂度稳健性检验**

| 变量 | 高技术产业 | | 一般产业 | |
|---|---|---|---|---|
| | 固定效应 | 随机效应 | 固定效应 | 随机效应 |
| lnTS | 1.49254 *** | 1.87524 * | 1.51117 | 1.78264 |
| | (2.59) | (1.79) | (1.16) | (1.13) |
| lnCPS | -0.80409 *** | -0.78585 ** | -3.07858 *** | -3.13546 *** |
| | (-3.06) | (-2.05) | (-5.77) | (-5.88) |
| lnT | 0.39103 | 1.28236 | 0.04639 | 0.17096 |
| | (0.43) | (1.56) | (0.22) | (1.15) |
| lnRQ | 0.72032 * | 0.72032 ** | 3.00804 *** | 3.03254 *** |
| | (2.53) | (2.53) | (6.41) | (6.48) |
| Constant | 14.8488 | 9.74948 | -24.52445 * | -26.97602 ** |
| | (0.67) | (0.40) | (-1.84) | (-1.99) |
| $R^2$ | 0.2744 | 0.2945 | 0.2010 | 0.2010 |
| F/Wald chi2 test | 0.0000 | 0.0000 | 0.0000 | 0.0000 |

5.3.2.2　分部门回归

由于生产性服务各部门具有较大的差异性，为了准确分析其对全要素生产率的具体影响，分别以生产性服务各进口部门的技术复杂度作为核心解释变量进行回归分析。在控制了其他变量后，在模型中加入核心解释变量，分别是与货物有关的服务进口技术复杂度（TS（g_r）），运输服务进口技术复杂度（TS（trans）），金融服务进口技术复杂度（TS（fin）），知识产权使用费进口技术复杂度（TS（cip）），通信、计算机和信息服务进口技术复杂度（TS（tci）），其他商业服务进口技术复杂度（TS（ob））。

如表 5-9 所示，分析回归结果可以得出以下结论：

表 5-9　生产性服务进口技术复杂度分部门回归结果

| 变量 | 固定效应 | 随机效应 |
|---|---|---|
| lnTS（g_r） | $-0.06218$ $(-0.62)$ | $-0.07942$ $(-0.81)$ |
| lnTS（trans） | $-0.50255$ $(-0.12)$ | $-0.41402$ $(-0.10)$ |
| lnTS（fin） | $0.01237$ $(0.12)$ | $0.00172$ $(0.98)$ |
| lnTS（cip） | $0.18115$ $(0.54)$ | $0.20883$ $(0.63)$ |
| lnTS（tci） | $0.06172$ $(0.12)$ | $0.06357$ $(0.13)$ |
| lnTS（ob） | $0.53341$ $(0.51)$ | $0.52645$ $(0.51)$ |
| lnCPS | $-4.04443^{***}$ $(-5.08)$ | $-4.01780^{***}$ $(-4.97)$ |
| lnT | $0.31370$ $(1.46)$ | $0.21948$ $(1.24)$ |
| lnRQ | $4.39485^{***}$ $(5.08)$ | $4.40452^{***}$ $(5.13)$ |

| 变量 | 固定效应 | 随机效应 |
|---|---|---|
| Constant | −19.95778<br>(−0.40) | −21.22929<br>(−0.43) |
| $R^2$ | 0.3753 | 0.4817 |
| F/Wald chi2 test | 0.0000 | 0.0000 |

与总体生产性服务进口技术复杂度对我国制造业全要素生产率的影响相同，不同生产性服务部门的进口技术复杂度对制造业全要素生产率的影响也不显著。其中金融服务，知识产权使用费，通信、计算机和信息服务和其他商业服务的进口技术复杂度提升与我国制造业全要素生产率正相关；与货物有关的服务和运输服务进口技术复杂度提升与我国制造业全要素生产率负相关。

金融服务进口技术复杂度与制造业全要素生产率正相关，但不显著。金融服务进口技术复杂度提升使我国制造业生产中投入的资金和金融工具质量优化，有效支持企业的研发创新活动，促进制造业全要素生产率增长。由于我国资本市场的开放程度不高，进口金融服务在制造业企业投入中所占比重较低，所以金融服务进口技术复杂度提升，可以促进我国制造业全要素生产率提高，但效果不显著。随着知识产权使用费进口技术复杂度提升，我国制造业企业可以获得技术水平更高的专利使用权，促进全要素生产率增长。我国制造业企业使用国外专利满足需求的同时会形成依赖，减弱研发创新的积极性；同时由于知识产权的特殊性，我国进口知识产权并不能获得最核心的技术。所以知识产权使用费的进口技术复杂度提升可以促进我国制造业企业全要素生产率增长，但效果不显著。随着通信计算机和信息服务的进口技术复杂度提升，使用进口产品的制造业企业中间投入质量和结构优化，对制造业全要素生产率有促进作用。由于通信计算机和信息服务是我国主要的服务贸易逆差部门，所以进口技术复杂度提升对我国制造业全要素生产率有促进作用但不显著。进口的通信、计算机和信息服务对我国制造业全要素生产率的作用可能存在阈值效应，具体如何影响全要素生产率有待进一步研究。

我国加工贸易企业主要参与加工、组装等附加值较低的生产环节，加工贸易服务技术复杂度越高，我国同类别服务与之差距越大，更加不利于我国加工贸易企业向价值链的两端延伸，进而对我国整体制造业全要素生产率提升有负作用。我国是货物贸易大国，充分发挥货物对服务的拉动作用，即与货物有关的服务由国内企业提供，将很大程度地提升国内企业研发、创新的积极性，从而提升制造业全要素生产率。上文实证分析显示运输服务进口规模扩大对我国制造业全要素生产率有负效应，随着运输服务进口技术复杂度提升，制造企业生产中投入的运输服务质量提升，但对制造业全要素生产率仍然有负效应。由于我国制造业生产中投入的主要是国内企业提供的运输服务，进口技术复杂度提升对国内制造业企业运输质量提升效果有限。所以运输服务进口技术复杂度提升对我国制造业全要素生产率有负效应。

# 5.4    本章小结

本章从数量和质量角度分析了生产性服务进口对制造业全要素的影响。生产性服务进口数量包括跨境贸易和商业存在（直接投资）两种形式的进口规模，以生产性服务进口复杂度来度量我国生产性服务进口质量，并且分析了不同生产性服务部门对制造业全要素影响的差异性。生产性服务进口作为计量模型的核心解释变量，同时加入我国生产性服务业产出、研发强度和人力资本三个影响制造业全要素生产率的控制变量。

回归结果表明，总体来看，生产性服务进口贸易和生产性服务业直接投资都可以促进我国制造业全要素生产率增长，前者在1%的水平上显著，后者不显著。我国制造业企业可以根据自身生产需要进口合适的生产性服务，而生产性服务业直接投资更多是为跨国公司服务，国内企业虽然可以通过技术溢出效应提升全要素生产率，但提升幅度有限。所以，通过跨境贸易形式进口的生产性服务对我国制造业全要素生产率的提升作用更加显著。

分部门来看，首先，不同的生产性服务跨境进口贸易部门中，只有与货物有关的商业服务可以显著提升我国制造业全要素生产率，其余进口部门影响效果都不显著。金融服务和知识产权使用费对我国制造业全要素生产率增长起促进作用；运输服务、通信、计算机和信息服务与我国制造业全要素生产率负相关。其次，只有交通运输、仓储和邮政业直接投资对我国制造业全要素生产率有显著提升作用，其余生产性服务业直接投资的影响效果都不显著。金融业、科学研究、技术服务和地质勘查业直接投资与我国制造业全要素生产率正相关；租赁和商务服务业、通信、计算机服务和软件业直接投资与我国制造业全要素生产率负相关。

生产性服务总体进口复杂度与我国制造业全要素生产率正相关，但效果不显著。不同部门的进口复杂度对我国制造业全要素生产率的影响不同，其中与货物有关服务和运输服务的进口技术复杂度与我国制造业全要素生产率负相关；金融服务，知识产权使用费，通信、计算机和信息服务和其他商业服务的进口技术复杂度与我国制造业全要素生产率正相关。不同部门的进口技术复杂度对我国制造业全要素生产性影响的相同之处为，影响效果都不显著。

# 第6章　生产性服务进口对制造业国际分工地位的影响

20 世纪 80 年代以来，随着全球价值链分工程度的加深，全球生产和贸易模式发生了巨大改变，尤其是发展中国家更多地参与到全球生产分工中。中国凭借劳动力、土地及环境规制等传统低成本优势，大量承接发达经济体产业和产品生产环节的国际转移，融入全球分工体系，快速发展成为世界制造大国。长期以来，中国在全球生产分工中主要从事组装、加工等劳动密集型生产环节，"大进大出，两头在外"的加工贸易是我国参与全球生产分工的主要贸易形式。虽然我国通过加工贸易快速融入全球分工体系，获得巨大的贸易顺差，但是我国出口企业只获得了少量的加工和组装费用，制造业处在全球价值链的低端环节。如何真正地参与全球价值链，提升我国制造业的国际分工地位，是制造业转型升级亟待解决的重要问题之一。本章测算了我国制造业的国际分工地位，然后实证分析生产性服务进口对制造业国际分工地位的影响，并且进一步分析不同生产性服务部门的异质性影响。

# 6.1  测度我国制造业的国际分工地位

### 6.1.1  国际分工地位的测度方式

随着全球价值链分工程度的加深，学术界关于国际分工地位的测度方式进行了广泛而深入的研究。主要的测度方式可以分为垂直专业化分工指数、附加值贸易法以及上游度指标和下游度指标三种。

Hummels 等（2001）提出了垂直专业化分工指数（VSS）。VSS 指数最早使用国家投入产出表来测度一个国家或地区的全球价值链参与度，计算一国出口价值中包含的进口中间品的投入价值。这种测度方法有以下局限：一是计算 VSS 指数时假设国内消费品与出口产品使用的进口中间投入比例相同，这与加工贸易的实际情况不符。二是假设一国参与全球价值链的方式是使用进口中间投入，出口最终产品，忽略了出口中间产品再由第三国生产并出口的情况。三是假设所有进口中间投入品都是由其他国家生产的，不包括本国生产出口到国外并由国外加工又返回到本国的中间投入品。由于 VSS 指数测度全球价值链参与度的假设过于严格，在加工贸易模式下对一国的国际分工地位测度不准确。

在 Hummels 研究的基础上，Daudin 等（2011）、Johnson 和 Noguera（2012）、Koopman 等（2012）学者提出用附加值贸易法测度一国的国际分工地位。Daudin 等（2011）利用 GTAP 数据库计算了一国出口中的进口中间投入比重、再加工后出口到第三国的比重和由第三国再加工返回到本国的比重。Johnson 和 Noguera（2012）定义了出口附加值，是指一国生产的最终产品出口到第三国并被吸收的价值，并且计算了这部分价值在出口中的比重。Koop-man 等（2012）将现有的测度指标统一到一个分析框架下，将出口分解成各部分附加值，把数据与附加值贸易相关指标联系起来，在这一框架下把出口分解为国内附加值和进口附加值，并且把国内附加值分解为出口、经第三国加工后再出口到本国和其他国家的部分。Koopman 等的分析方法使用的是世界投入产出表，可以更加准确地分析一国出口对进口中间投入的依赖程度，还可以更加准确地测度到一国出口中从他国进口的附加值，以及经由他国加工又返回到母国的附加值。

除了垂直专业分工指数和附加值贸易测度法外，Antràs 等（2013）提出了测度某一行业在全球价值链中平均位置的两个指标：上游度指标和下游度指标。上游度指标计算方式是某一行业作为中间投入的价值在总出口中的比重，下游度指标计算方式是某一行业出口中进口的中间投入价值比重。Koopman 在上游度指标和下游度指标的基础上指出，如果一国处于全球价值链的上游环节，该国通过向其他国家提供中间投入品参与到全球价值链中；如果一国处于全球价值链的下游环节，该国通过从其他国家进口中间投入品出口最终产品参与到全球价值链中。

分析这三种测度国际分工地位的方式可以发现，Koopman 等提出的测度方法综合了分工环节和附加值增值能力，该方法测度国际分工地位的理论逻辑为，如果一国出口更多的中间投入品，同时较少使用进口投入品，则该国的国际分工地位指数大于零，处于全球价值链的上游环节。指数越大，在全球价值链中所处地位越高；反之，所处地位越低。

### 6.1.2　我国制造业的国际分工地位

#### 6.1.2.1　国际分工地位测度指标

本书采用 Koopman 提出的测度方法来测度我国制造业的国际分工地位，

具体方法如下：

假设世界上有两个国家（本国和外国），两个国家都有 N 个部门，每个部门生产的产品都可以被直接消费或作为中间投入，可以被本国或外国使用。即 r 国的总产出可以在国内或国外用作中间投入或用作最终产品，表示如下：

$$X_r = A_{rr}X_r + A_{rs}X_s + Y_{rr} + Y_{rs} \quad r, s = 1, 2 \tag{6-1}$$

式中，r 表示本国；s 表示外国；$X_r$ 为 N×1 阶矩阵，表示 r 国总产出；$A_{rr}$ 为 N×N 阶矩阵，表示投入产出系数；$A_{rr}X_r$ 表示 r 国对 r 国中间投入品的需求；$A_{rs}X_s$ 表示 s 国对 r 国中间投入品的需求；$Y_{rr}$ 为 N×1 阶矩阵，表示 r 国对 r 国最终品的需求；$Y_{rs}$ 表示 s 国对 r 国最终品的需求。两个国家的产品和贸易体系写成分块矩阵的形式如下：

$$\begin{bmatrix} X_1 \\ X_2 \end{bmatrix} = \begin{bmatrix} A_{11} & A_{12} \\ A_{21} & A_{22} \end{bmatrix} \begin{bmatrix} X_1 \\ X_2 \end{bmatrix} + \begin{bmatrix} Y_{11} + Y_{12} \\ Y_{21} + Y_{22} \end{bmatrix} \tag{6-2}$$

可以调整为：

$$\begin{bmatrix} X_1 \\ X_2 \end{bmatrix} = \begin{bmatrix} I-A_{11} & -A_{12} \\ -A_{21} & I-A_{22} \end{bmatrix}^{-1} \begin{bmatrix} Y_{11} - Y_{12} \\ Y_{21} - Y_{22} \end{bmatrix} = \begin{bmatrix} B_{11} & B_{12} \\ B_{21} & B_{22} \end{bmatrix} \begin{bmatrix} Y_1 \\ Y_2 \end{bmatrix} \tag{6-3}$$

式中，$B_{rs}$ 为 N×N 阶里昂惕夫逆矩阵，表示 r 国生产一单位最终需求所需的 s 国的中间投入，$Y_r$ 为 2N×1 阶向量，表示对 r 国的最终需求，矩阵可以简化为：

$$X = (I-A)^{-1}Y = BY \tag{6-4}$$

式中，X 和 Y 为 2N×1 阶向量，A 和 B 为 2N×2N 阶矩阵。

在定义里昂惕夫逆矩阵之后，进一步定义直接附加值系数矩阵 $V_r$，$V_r$ 里的每一个元素表示国内附加值在总产出中的比重，等于单位向量减去进口的附加值，即进口的中间投入比重（包括国内生产的中间投入）。

$$V_r = \mu(I - \sum_s A_{sr}) \tag{6-5}$$

μ 为 1×N 阶向量。

$$V = \begin{bmatrix} V_1 & 0 \\ 0 & V_2 \end{bmatrix} \tag{6-6}$$

式中，V 是国内附加值的 2×2N 阶矩阵，国内附加值矩阵和里昂惕夫逆矩阵相乘可以得到附加值系数矩阵 VAS，VAS 是测度附加值来源系数的基础。

$$VAS = VB = \begin{bmatrix} V_1 B_{11} & V_1 B_{12} \\ V_2 B_{21} & V_2 B_{22} \end{bmatrix} \tag{6-7}$$

式中，$V_1 B_{11}$ 的每一列表示国内生产的某一产品中国内附加值的比重，同样，$V_2 B_{21}$ 表示同样产品中国外附加值的比重。由于所有的附加值都来自国内或国外，可以得到：

$$V_1 B_{11} + V_2 B_{21} = V_1 B_{12} + V_2 B_{22} = \mu \tag{6-8}$$

$$E_r = \sum_{r \neq s} E_{rs} = \sum_s (A_{rs} X_s + Y_s) \quad r, s = 1, 2 \tag{6-9}$$

式中，$E_r$ 表示 r 国的总出口。

$$E = \begin{bmatrix} E_{1*} & 0 \\ 0 & E_{2*} \end{bmatrix} \tag{6-10}$$

$$\hat{E} = \begin{bmatrix} diag(E_{1*}) & 0 \\ 0 & diag(E_{2*}) \end{bmatrix} \tag{6-11}$$

式中，E 为 2N×2 阶矩阵，$\hat{E}$ 为 2N×2N 阶对角矩阵。

$$VAS\_\hat{E} = VB\hat{E} = \begin{bmatrix} V_1 B_{11} \hat{E}_1 & V_1 B_{12} \hat{E}_2 \\ V_2 B_{21} \hat{E}_1 & V_2 B_{22} \hat{E}_2 \end{bmatrix} \tag{6-12}$$

$VB\hat{E}$ 矩阵中各列非对角元素加总可以得到 r 国出口包含的国外附加值：

$$FV_r = \sum_{r \neq s} V_s B_{sr} E_r \tag{6-13}$$

VBÊ 矩阵中各行非对角元素加总表示 s 出口的产品中来自 r 国的附加值：

$$IV_r = \sum_{r \neq s} V_r B_{rs} E_s \qquad (6-14)$$

VBÊ 矩阵中各对角元素加总表示 r 国出口的国内附加值：

$$DV_r = V_r B_{rr} E_r \qquad (6-15)$$

在此基础上，我们可以得到国际分工地位的计算公式为：

$$GVC\_Position = \ln\left(1 + \frac{IV_{ir}}{E_{ir}}\right) - \ln\left(1 + \frac{FV_{ir}}{E_{ir}}\right) \qquad (6-16)$$

式中，i 表示产业，r 表示国家，GVC_Position 表示 r 国家 i 行业的国际分工地位指数。

### 6.1.2.2 数据来源

本书使用世界投入产出数据库（WIOD）计算我国制造业的国际分工地位，该数据库提供了 1995～2014 年世界 43 个主要国家和其他地区的 56 个行业国家间的投入产出数据，其中包括 3 个农业行业、20 个工业行业和 33 个服务行业。该数据库提供了连续 20 年的国家间投入产出数据，可以准确测算出我国制造业国际分工地位的真实情况。

### 6.1.2.3 我国制造业国际分工地位

结合世界投入产出表中制造业的细分行业分类和我国《国民经济分类方式》对制造业的行业分类，本书把制造业细分为 17 个行业，分别为食品、饮料和烟草制品业，纺织品、服装及皮革制品业，木材加工和木、竹、藤、棕、草制品业，造纸和纸制品业，印刷和记录媒介复制业，石油加工、炼焦和核燃料加工业，化学原料和化学纤维制品业，医药制造业，塑料和橡胶制品业，非金属矿物制造业，黑色、有色金属冶炼和压延加工业，金属制品业，计算机、通信和其他电子设备制造业，电气机械和器材制造业，机械及设备等制造业，交通运输设备制造业，家具和其他制造业。本书测度了这 17 个制造行业 2005～2014 年的国际分工地位，如表 6-1 所示。

表 6-1　2005~2014 年我国制造行业的国际分工地位指数

| 行业 ＼ 年份 | 2005 | 2006 | 2007 | 2008 | 2009 | 2010 | 2011 | 2012 | 2013 | 2014 |
|---|---|---|---|---|---|---|---|---|---|---|
| 1 | -0.27 | -0.28 | -0.30 | -0.37 | -0.33 | -0.41 | -0.44 | -0.47 | -0.42 | -0.39 |
| 2 | 0.01 | 0.03 | 0.02 | 0.03 | 0.04 | 0.05 | 0.07 | 0.06 | 0.08 | 0.09 |
| 3 | 0.00 | 0.03 | -0.02 | 0.04 | -0.01 | 0.00 | -0.01 | 0.07 | 0.02 | 0.00 |
| 4 | -0.65 | -0.71 | -0.90 | -0.75 | -0.63 | -0.48 | -0.33 | -0.16 | -0.11 | -0.11 |
| 5 | -0.24 | -0.23 | -0.27 | -0.28 | -0.30 | -0.28 | -0.22 | -0.19 | -0.15 | -0.10 |
| 6 | -0.83 | -1.13 | -1.30 | -1.15 | -1.35 | -1.28 | -1.33 | -1.34 | -1.21 | -1.11 |
| 7 | -0.09 | -0.07 | -0.03 | -0.01 | -0.08 | -0.02 | 0.00 | -0.03 | -0.03 | 0.04 |
| 8 | 0.02 | 0.10 | 0.09 | 0.10 | 0.16 | 0.16 | 0.11 | 0.10 | 0.09 | 0.10 |
| 9 | 0.07 | 0.10 | 0.11 | 0.10 | 0.06 | 0.06 | 0.09 | 0.15 | 0.16 | 0.17 |
| 10 | -0.16 | -0.16 | -0.22 | -0.23 | -0.24 | -0.19 | -0.19 | -0.09 | -0.06 | -0.03 |
| 11 | -0.17 | -0.07 | -0.14 | -0.19 | -0.48 | -0.43 | -0.42 | -0.47 | -0.53 | -0.37 |
| 12 | 0.30 | 0.32 | 0.34 | 0.34 | 0.25 | 0.24 | 0.24 | 0.22 | 0.20 | 0.25 |
| 13 | -0.08 | -0.07 | -0.10 | -0.07 | -0.02 | -0.02 | -0.02 | -0.03 | -0.01 | 0.02 |
| 14 | 0.08 | 0.10 | 0.10 | 0.08 | 0.08 | 0.08 | 0.08 | 0.11 | 0.11 | 0.16 |
| 15 | -0.13 | -0.08 | -0.03 | -0.01 | -0.06 | -0.02 | 0.01 | 0.01 | 0.01 | 0.06 |
| 16 | -0.12 | -0.10 | -0.08 | -0.04 | -0.19 | -0.17 | -0.16 | -0.15 | -0.14 | -0.09 |
| 17 | 0.03 | 0.04 | 0.04 | 0.07 | 0.08 | 0.07 | 0.08 | 0.10 | 0.10 | 0.13 |

注：表中 1~17 分别表示食品、饮料和烟草制品业，纺织品、服装及皮革制品业，木材加工和木、竹、藤、棕、草制品业，造纸和纸制品业，印刷和记录媒介复制业，石油加工、炼焦和核燃料加工业，化学原料和化学纤维制品业，医药制造业，塑料和橡胶制品业，非金属矿物制造业，黑色、有色金属冶炼和压延加工业，金属制品业，计算机、通信和其他电子设备制造业，电气机械和器材制造业，机械及设备等制造业，交通运输设备制造业，家具和其他制造业。

资料来源：根据世界投入产出表整理。

　　由表 6-1 可知，纺织品、服装及皮革制品业，医药制造业，橡胶和塑料制品业，金属制品业，电气机械和器材制造业，家具和其他制造业，六个制造行业的国际分工地位指数大于 0，其余制造行业的国际分工地位指数均小于 0，我国大部分制造行业处在全球价值链的下游环节。国际分工地位呈上升趋势的行业有造纸和纸制品业，印刷和记录媒介复制业，非金属矿物制造业，橡胶和塑料制品业，化学原料和化学纤维制品业。其中，造纸和纸制品业的上升幅度最大，上升了83.14%；食品饮料和烟草制造业与黑色、有色金属冶炼和压延加工业的国际分工地位进一步下降，下降的主要原因是出口的国外附加值率提升；食品、饮料和烟草制造业作为国外中间投入的比重和出口的国外附加值率都呈上升趋势，出口的国外附加值率增长幅度更大，所以国际分工地位指数下降；黑色、有色金属冶炼和压延加工业作为国外中间投入的比重下降，出口的国外附加值率上升，所以国际分工地位指数明显下降。

# 6.2 生产性服务进口数量对制造业国际分工地位的影响

## 6.2.1 模型设定和变量说明

### 6.2.1.1 模型设定

通过测度我国制造行业的国际分工地位可以发现，只有纺织品服装及皮革制品业等少数制造行业的指数大于0，大部分制造行业处在全球价值链下游。这主要是由于"三来一补"的加工贸易是我国主要的贸易形式之一，出口的国内附加值较少。根据式（6-16）可知，向价值链两端延伸，即提升国际分工地位的方式有两种：减少从国外进口中间投入品，增加国内中间投入品的出口，也就是说提高产品国内生产的附加值。生产性服务通过为制造业提供高质量的中间服务，能够提升制造业向研发、设计、售后水平，促进制造业向价值链两端延伸。制造业服务化可以显著提升我国企业在价值链体系中的分工地位（刘斌等，2016）。发达国家制造业的生产性服务投入高于我国（楚明钦，2014），生产性服务与制造业的契合度更高，我国生产性服务业处在起步阶段，可以通过从发达国家进口生产性服务来满足制造业的多样化需求。虽然增加生产性服务投入会提高制造产品中从国外进口的中间投入价值，但投入进口的生产性服务可以有效增强制造产品异质性，增加国内生产的附加值。所以，生产性服务进口对制造业国际分工地位有提升作用，针对这一假设设计如下计量模型：

$$GVC_{it} = \beta_0 + \beta_1 IPS_t + \beta_2 IFDI_t + \beta Controls + \varepsilon_{it} \tag{6-17}$$

式中，$i$ 表示产业，$t$ 表示时间，$GVC_{it}$ 表示制造产业的国际分工地位指数，$IPS_t$ 表示我国进口的生产性服务规模（跨境贸易），$IFDI_t$ 表示我国的生产性服务业 FDI（商业存在），Controls 包括控制变量我国生产性服务业产出、产业资本强度、研发强度、产业国有控股资本比重以及各制造产业的企业规模，$\varepsilon_{it}$ 表示无法观测到的随机误差。

### 6.2.1.2　变量说明

被解释变量采用 Koopman 等提出的测算方法，测度我国制造业的国际分工地位指数。17 个制造行业时间区间为 2005～2014 年，共 170 个观测值，N>T 为短面板模型。

核心解释变量为生产性服务进口规模（跨境贸易）和生产性服务业 FDI（商业存在），数据分别来自联合国贸发会议和《中国统计年鉴》，单位都是亿元。

计量模型中的有 5 个控制变量，我国生产性服务产出变量（CPS）与上文相同，由于上文实证分析显示，我国生产性服务产出不能增加制造业经济效益和提升全要素生产率，所以很可能也不能促进我国制造业国际分工地位提升。产业资本强度（KL）用规模以上制造业企业的固定资本投资与就业人员的比重，单位是亿元/万人。我国制造业凭借大规模投资、劳动力成本优势等融入全球价值链，主要从事加工、组装等劳动密集型生产环节。资本强度的提升对我国加工贸易有显著的促进作用，而现阶段的加工贸易形式存在把我国制造业锁定在价值链低端的危险。所以，产业资本强度的增强对我国制造业国际分工地位可能存在抑制作用。研发是企业提高科研创新能力、提升竞争力的关键，研发强度（T）变量用规模以上制造业企业的研发投入规模与主营业务收入的比重表示。由于我国处在研发初级阶段，企业作为研发主体，其研发能力有待提高，研发行为转化为实际生产力的效率也较低，所以研发强度可以提升制造业国际分工地位，但影响可能并不显著。制造业企业向价值链两端的研发、创新及售后环节延伸，需要大量资金和相关政策支持，国有控股企业相对来说更容易获得国家相关政策和资金支持。本书用规模以上制造业企业国有控股资产在总资产中的比重表示国有控股资产比重（SO），数据来自《中国统计年鉴》。企业规模变量（ES）用规模以上制造业企业总资产与企业数量之比来度量，数据来自《中国统计年鉴》。随着企业规模扩张提高市场占有率，从而获得规模经济，但是企业规模并不是越大越好。企业的长期成本曲线呈"U"形，生产规模超过最低点继续扩大会造成规模不经济、管理效率低下等问题。事实证明，我国很多制造业存在资源浪费的情况，通过企业规模扩张并不能提升产品的附加值，同时会抑制制造业生产率（孙晓华和王昀，2014）。我国制造企业规模进一步扩张对制造产业的国际分工地位可能存在抑制作用。

所有变量的统计特征描述如表6-2所示。

表6-2　生产性服务进口数量对制造业国际分工地位影响的变量统计特征描述

| 变量 | 样本数 | 平均值 | 标准差 | 最小值 | 最大值 |
| --- | --- | --- | --- | --- | --- |
| GVC | 170 | −0.13373 | 0.34173 | −1.35162 | 0.33566 |
| IPS | 170 | 7447.936 | 2361.404 | 4229.209 | 10816.23 |

续表

| 变量 | 样本数 | 平均值 | 标准差 | 最小值 | 最大值 |
|---|---|---|---|---|---|
| IFDI | 170 | 1016. 113 | 344. 2485 | 573. 5049 | 1674. 239 |
| CPS | 170 | 67911. 17 | 28864. 15 | 28335. 49 | 118632. 6 |
| KL | 170 | 21. 62408 | 14. 09992 | 2. 89476 | 80. 25163 |
| T | 170 | 0. 00328 | 0. 00037 | 0. 00282 | 0. 00392 |
| SO | 170 | 0. 28446 | 0. 28978 | 0. 03305 | 1. 31672 |
| ES | 170 | 1. 54262 | 1. 81176 | 0. 24805 | 12. 13182 |

## 6.2.2 实证结果分析

### 6.2.2.1 全样本回归结果

根据上文设定的模型和变量进行实证分析，结果如表 6-3 所示。通过 Hausman 检验判断采用固定效应模型还是随机效应模型，Hausman 检验的结果显示拒绝原假设 "$H_0$: $u_j$ 与 $x_{jt}$, $z_j$ 不相关"，应该使用固定效应模型，而非随机效应模型。

表 6-3 生产性服务进口数量对制造业国际分工地位影响的全样本回归结果

| 变量 | 固定效应 | 随机效应 |
|---|---|---|
| IPS | 0. 00001 ** <br> (2. 23) | 0. 00001 *** <br> (2. 76) |
| IFDI | 0. 00020 ** <br> (2. 62) | 0. 00021 *** <br> (2. 83) |
| CPS | −0. 00001 <br> (−0. 77) | −0. 00001 <br> (−1. 30) |
| KL | −0. 00169 ** <br> (−2. 67) | −0. 00157 * <br> (−1. 76) |
| T | 24. 76842 <br> (0. 69) | 41. 9418 <br> (1. 29) |
| SO | 0. 54003 * <br> (1. 89) | 0. 28122 <br> (1. 50) |

| 变量 | 固定效应 | 随机效应 |
|---|---|---|
| ES | $-0.02699^{***}$<br>$(-4.27)$ | $-0.03860^{***}$<br>$(-6.99)$ |
| Constant | $-0.50517^{***}$<br>$(-3.08)$ | $-0.46492^{**}$<br>$(-2.11)$ |
| $R^2$ | 0.1731 | 0.1504 |
| F/Wald chi2 tset | 0.0008 | 0.0000 |

注：*、**、***分别表示变量在10%、5%、1%的水平上显著；括号里是各变量的t/z统计量；最后一行是F/Wald chi2 检验的 p 值。下同。

根据固定效应回归结果可以发现：

生产性服务进口（IPS）和生产性服务业 FDI（IFDI）规模提升对我国制造产业的国际分工地位都有促进作用，都在 5% 的水平上显著。生产性服务跨境贸易和商业存在都可以通过增强我国制造产品的异质性，提升国内附加值比重，扩大其他国家对我国制造产品的中间需求，促进我国制造产业向全球价值链上游延伸。通过回归系数可以发现，生产性服务业直接投资对制造业国际分工地位的促进作用大于生产性服务跨境贸易。这主要有以下两方面原因：一是生产性服务业直接投资对制造业国内附加值的促进作用更大；二是生产性服务跨境进口贸易规模扩大，意味着制造业出口的进口附加值增加，减弱了其对制造业国际分工地位的提升作用。

控制变量的回归结果与预期一致，我国生产性服务业产出（CPS）对制造产业国际分工地位有负影响，但不显著。资本强度（KL）和企业规模（ES）与制造产业国际分工地位都负相关，分别在 5% 和 1% 的水平上显著，说明提升制造产业的国际分工地位，实现制造业转型升级，要改变传统的粗放型生产方式。研发强度（T）和国有控股资本比重（SO）与制造产业国际分工地位正相关，前者不显著，后者在 10% 的水平上显著。

Roberts 和 Tybout（1997）研究发现进入出口市场的企业，出口具有持续性，所以在解释变量中引入被解释变量的两阶滞后项，成为动态面板模型，为了解决产生的内生性问题，用系统 GMM 两步法回归。系统 GMM 回归结果显示与固定效应回归结果一致，说明估计结果是稳健的（见表 6-4）。

表 6-4　生产性服务进口数量对制造业国际分工地位影响的稳健性检验

| 变量 | 系统 GMM |
|---|---|
| L1. GVC | 1. 08722*** |
|  | （8. 97） |
| L2. GVC | −0. 15424* |
|  | （−1. 75） |
| IPS | 0. 00001** |
|  | （2. 38） |
| IFDI | 0. 00004** |
|  | （2. 52） |
| CPS | −0. 00001 |
|  | （−1. 23） |
| KL | −0. 00109* |
|  | （−1. 83） |
| T | 16. 67178 |
|  | （1. 53） |
| SO | 0. 19137 |
|  | （0. 57） |
| ES | −0. 01259* |
|  | （−1. 67） |
| Constant | 0. 07140 |
|  | （0. 71） |
| AR（2） | 0. 2803 |
| Sargan | 0. 9989 |
| Wald chi2 | 0. 0000 |

### 6.2.2.2　服务部门异质性分析

在分析生产性服务进口总量对制造产业国际分工地位影响之后，进一步分析不同生产性服务部门影响的异质性。为了统一两种贸易形式对生产性服务的分类，把跨境贸易中的与货物有关的服务和其他商业服务合并，共有 5 个生产性服务进口部门。同时为了区分跨境贸易和商业存在影响的差异性，设计两个计量模型，模型 1 中核心解释变量为跨境贸易进口部门，分别为与货物有关的服务和其他商业服务（G_B）、运输服务（TRANS）、金融服务（FIN）、知识产权使用费（CIP）和通信、计算机和信息服务（TCI）；模型 2 中核心解释变量为各生产性服务业直接投资部门，分别为租赁和商业服务业直接投资（IFDI（rent））、运输服务业直接投资（IFDI（trans））、金融服务业直接投资（IFDI（fin））、科学研究和技术服务业直接投资（IFDI（re））和通信、计算机和软件业直接投资（IFDI（in））。其他控制变量和上文相同，采用固定效应和随机效应回归，结果如表 6-5 所示。通过 Hausman 检验判断采用固定效应模型还是随机效应模型，Hausman 检验的结果显示拒绝原假设"$H_0$：$u_j$ 与 $x_{jt}$，$z_j$ 不相关"，应该使用固定效应模型，而非随机效应模型。

表 6-5　服务部门异质性分析

| 变量 | 固定效应 | | 随机效应 | |
|---|---|---|---|---|
| | 模型 1 | 模型 2 | 模型 1 | 模型 2 |
| G_B | 0.00002 ** <br> (2.51) | | 0.00002 *** <br> (2.61) | |
| TRANS | 0.00006 <br> (1.25) | | 0.00006 <br> (1.21) | |
| FIN | −0.00021 <br> (−0.51) | | −0.00010 <br> (−0.25) | |
| CIP | 0.00074 <br> (1.19) | | 0.00051 <br> (0.89) | |
| TCI | 0.00047 <br> (0.92) | | 0.00040 <br> (0.81) | |

续表

| 变量 | 固定效应 | | 随机效应 | |
|---|---|---|---|---|
| | 模型 1 | 模型 2 | 模型 1 | 模型 2 |
| IFDI（rent） | | 0.00004<br>（0.14） | | 0.00001<br>（0.04） |
| IFDI（trans） | | 0.00001<br>（0.01） | | 0.00001<br>（0.01） |
| IFDI（fin） | | 0.00065<br>（1.69） | | 0.00066*<br>（1.72） |
| IFDI（re） | | −0.00077<br>（−1.15） | | −0.00073<br>（−1.13） |
| IFDI（in） | | 0.00047<br>（1.06） | | 0.00044<br>（0.39） |
| IPS | | 0.00001**<br>（2.63） | | 0.00001**<br>（1.96） |
| IFDI | 0.00029**<br>（2.80） | | 0.00027***<br>（2.71） | |
| CPS | −0.00002<br>（−1.30） | −0.00001<br>（−0.10） | −0.00001<br>（−1.19） | −0.00001<br>（−0.29） |
| KL | −0.00123*<br>（−1.78） | −0.00127*<br>（−1.78） | −0.00115<br>（−1.08） | −0.00118<br>（−1.08） |
| T | 0.00087<br>（1.02） | 0.00024<br>（0.36） | 0.00100<br>（1.24） | 0.00045<br>（0.70） |
| SO | 0.51685*<br>（1.77） | 0.51007*<br>（1.76） | 0.26528<br>（1.39） | 0.26105<br>（1.38） |
| ES | −0.02568***<br>（−3.50） | −0.02581***<br>（−3.53） | −0.03758***<br>（−5.73） | −0.03771***<br>（−5.76） |
| Constant | −0.59030**<br>（−2.47） | −0.34204***<br>（−3.00） | −0.43089*<br>（−1.83） | −0.23827<br>（−1.59） |
| $R^2$ | 0.1896 | 0.1863 | 0.1676 | 0.1645 |
| F/Wald chi2 test | 0.0000 | 0.0000 | 0.0000 | 0.0000 |

根据模型 1 的固定效应回归结果可知：

与货物有关的服务和其他商业服务、运输服务、知识产权使用费以及通信、计算机和信息服务与制造产业国际分工地位正相关，只有与货物有关的服务和其他商业服务在 5% 的水平上显著，其余变量不显著。与货物有关的服务，如售后维修服务，可以延伸制造产业的价值链，增强制造产品的异质性。制造业企业把运输环节外包出去可以获得更加专业化的运输服务，减少出口运输成本，调整生产要素提升产品附加值；同时可以加深企业间工艺流程的分工合作，优化供应链的空间布局，促进全球或区域内优势资源重新整合，延伸产业链，提升出口附加值（刘斌等，2016）。通过购买知识产权，制造企业获得生产所需技术，改善生产方式提高产品附加值。通信、计算机和信息服务可以使制造业企业有效连接生产链，提高产品附加值。由于通信、计算机和信息服务涉及国家或产业安全问题，存在很大程度的垄断性，生产中使用的进口服务规模有限，对制造业的国际分工地位提升并不显著。我国购买的知识产权获取的一般是标准化的服务，对制造业的核心竞争力促进作用有限，所以对制造业国际分工地位的促进作用也不显著。

金融服务与制造产业国际分工地位负相关，不显著。金融服务主要是通过向制造业企业提供技术创新和研发投入所需的资金和金融工具支持，来影响制造业的生产效率。由于我国资本市场开放程度不高，金融服务对制造业企业生产效率和产品附加值的提升作用有限，随着金融服务进口规模扩大，出口产品中的国外附加值比例上升，整体来看不利于提升制造业国际分工地位。

根据模型 2 的随机效应回归结果可知：

不同生产性服务业部门的直接投资对制造业国际分工地位的影响都不显著。其中科学研究和技术服务业 FDI 与制造业国际分工地位负相关。原因是科学研究和技术服务业主要通过引进技术的方式引进直接投资，外国在我国投资的主要动力是为跨国公司提供服务。跨国公司通过直接投资把研发环节设在我国，进一步把我国制造业锁定在价值链低端，阻碍了向价值链高端延伸。

生产性服务进口部门对制造业国际分工地位影响不显著，主要是因为不同的生产性服务行业进口规模都比较小，对制造业的影响程度有限。

# 6.3　生产性服务进口技术复杂度对制造业国际分工地位的影响

### 6.3.1　模型设定和变量说明

在分析了生产性服务进口数量对制造业国际分工地位的影响之后，进一步分析生产性服务进口复杂度的影响，并分析不同部门影响的异质性。计量方程如下：

$$GVC_{it} = \beta_0 + \beta_1 TS_t + \beta Controls + \varepsilon_{it} \tag{6-18}$$

式中，$i$ 表示产业，$t$ 表示时间，$GVC_{it}$ 表示制造产业的国际分工地位指数，$TS_t$ 表示我国生产性服务进口复杂度，Controls 包括控制变量我国生产性服务业产出、产业资本强度、研发强度、产业国有控股资本比重以及各制造产业的企业规模，$\varepsilon_{it}$ 表示无法观测到的随机误差。

核心解释变量是第 3 章中测算的我国生产性服务进口复杂，被解释变量和控制变量与上文相同。

### 6.3.2 实证结果分析

#### 6.3.2.1 全样本回归结果

根据设定的计量模型（6-18）和变量进行实证分析，结果如表6-6所示。通过 Hausman 检验判断采用固定效应模型还是随机效应模型，Hausman 检验的结果显示拒绝原假设"$H_0$：$u_j$ 与 $x_{jt}$，$z_j$ 不相关"，应该使用固定效应模型，而非随机效应模型。

**表6-6 生产性服务进口技术复杂度对我国制造业国际分工地位影响的全样本回归结果**

| 变量 | 固定效应 | 随机效应 |
|---|---|---|
| TS | 0.00001<br>（1.17） | 0.00001<br>（0.62） |
| CPS | −0.00001<br>（−0.44） | −0.00001<br>（−0.86） |
| KL | −0.00153 **<br>（−2.58） | −0.00139 *<br>（−1.75） |
| T | 0.00060<br>（1.39） | 0.00073<br>（1.56） |
| SO | 0.55305 *<br>（1.98） | 0.28862<br>（1.57） |
| ES | −0.51921 ***<br>（−3.59） | −0.03644 ***<br>（−5.93） |
| Constant | −0.51921 *<br>（−2.06） | −0.30957<br>（−1.49） |
| $R^2$ | 0.1622 | 0.1381 |
| F/Wald chi2 test | 0.0027 | 0.0000 |

根据固定效应回归结果可知：

生产性服务进口复杂度提升可以提高我国制造业国际分工地位，但效果不显著。随着生产性服务进口复杂度提升，我国出口的制造产品中进口的附加值比重提高，由于我国制造业对先进技术的吸收能力有限，生产性服务进口复杂度提升不能显著提高我国制造业的全要素生产率和经济效益，对产品附加值的提升作用不明显，所以不能显著促进制造业国际分工地位提高。

同样在解释变量中引入被解释变量的两阶滞后项，用系统 GMM 两步法回归结果作为参考。系统 GMM 回归结果显示与固定效应回归结果一致，说明估计结果是稳健的（见表 6-7）。

表 6-7　生产性服务进口技术复杂度对我国制造业国际分工地位影响的稳健性检验

| 变量 | 系统 GMM |
| --- | --- |
| L1. GVC | 0. 77344 *** <br> （11. 90） |
| L2. GVC | −0. 09059 ** <br> （−2. 10） |
| TS | 0. 0003 <br> （1. 09） |
| CPS | −0. 09059 <br> （−0. 29） |
| KL | −0. 00161 ** <br> （−2. 42） |
| T | 0. 00001 <br> （0. 02） |
| SO | 0. 37406 ** <br> （2. 74） |
| ES | −0. 01606 *** <br> （−3. 97） |
| AR （2） | 0. 2486 |
| Sargan | 0. 9987 |
| Wald chi2 | 0. 0000 |

### 6.3.2.2 分部门分析

在分析生产性服务整体进口复杂度对制造产业国际分工地位影响之后，进一步分析不同生产性服务部门影响的差异。模型的核心解释变量是不同生产性服务部门的进口技术复杂度，分别为与货物有关的服务（TS（g_r）），运输服务（TS（trans）），金融服务（TS（fin）），知识产权使用费（TS（cip）），通信、计算机和信息服务（TS（tci））以及其他商业服务（TS（ob））的进口技术复杂度，其他控制变量和上文相同，采用固定效应和随机效应回归，结果如表 6-8 所示。通过 Hausman 检验判断采用固定效应模型还是随机效应模型，Hausman 检验的结果显示拒绝原假设"$H_0$：$u_j$ 与 $x_{jt}$，$z_j$ 不相关"，应该使用固定效应模型，而非随机效应模型。

**表 6-8　生产性服务进口技术复杂度对我国制造业国际分工地位影响的分部门回归结果**

| 变量 | 固定效应 | 随机效应 |
|---|---|---|
| TS（g_r） | 0.00124<br>（1.03） | 0.00156<br>（1.26） |
| TS（trans） | 0.00004**<br>（2.21） | 0.00004**<br>（2.24） |
| TS（fin） | 0.00009***<br>（3.44） | 0.00009***<br>（3.91） |
| TS（cip） | −0.00001<br>（−0.15） | −0.00001<br>（−0.41） |
| TS（tci） | 0.00008<br>（1.41） | 0.00008<br>（1.46） |
| TS（ob） | 0.00004**<br>（2.58） | 0.00004***<br>（2.69） |
| CPS | −0.00001<br>（−1.53） | −0.00001<br>（−1.05） |
| KL | −0.00125*<br>（−1.94） | −0.00117*<br>（−1.88） |

续表

| 变量 | 固定效应 | 随机效应 |
|------|----------|----------|
| T | 0.00152<br>（1.61） | 0.00175<br>（1.45） |
| SO | 0.53084 *<br>（1.84） | 0.27395 *<br>（1.89） |
| ES | −0.02515 ***<br>（−3.31） | −0.03711 ***<br>（−5.44） |
| Constant | −1.07473 **<br>（−2.81） | −0.91615 **<br>（−2.44） |
| $R^2$ | 0.1841 | 0.1611 |
| F/Wald chi2 test | 0.0000 | 0.0000 |

根据固定效应回归结果可知：

与货物有关的服务，运输服务，金融服务，通信、计算机和信息服务以及其他商业服务的进口复杂度与我国制造业国际分工地位正相关，其中运输服务和金融服务分别在 5% 和 10% 的水平上显著。上文中分析了生产性服务进口数量对制造业国际分工地位的影响，实证结果显示进口运输服务可以优化供应链的空间布局，提高运输服务的进口复杂度可以进一步优化全球或地区内优势资源的整合效率，显著提升制造业的国内生产的产品附加值。金融服务进口数量增加不能提升制造业的国际分工地位，而进口复杂度提升可以显著提升制造业的国际分工地位。主要原因是金融服务进口复杂度提升可以显著提高我国制造产品异质性，提高国外对我国制造产品的中间需求，推进制造业向价值链上游移动。

知识产权使用费技术复杂度提升与我国制造业国际分工地位负相关，不显著。我国购买的知识产权获取的一般是标准化服务，对制造业的核心竞争力促进作用有限。随着知识产权进口复杂度的提升，我国对国外先进技术的依赖程度加强，但获得的生产技术不是同比例上升，不能显著提高产品附加值。所以随着知识产权进口复杂度的提升反而会抑制我国制造业向价值链两端延伸。

# 6.4　本章小结

本章从数量和质量角度分析了生产性服务进口对我国制造业国际分工地位影响。生产性服务进口数量包括跨境贸易和商业存在（直接投资）两种形式的进口规模，以生产性服务进口复杂度来度量我国生产性服务进口质量，并且分析了不同生产性服务部门对制造业国际分工地位的差异性。生产性服务进口作为计量模型的核心解释变量，同时加入我国生产性服务业产出、资本强度、研发强度、国有控股资产比重和企业规模五个影响制造业国际分工地位的控制变量。

回归结果表明，总体来看，生产性服务进口贸易和生产性服务业直接投资可以促进我国制造业国际分工地位提升，都在5%的水平上显著。分部门来看，与货物有关的服务和其他商业服务，运输服务，通信、计算机和信息服务进口贸易与租赁和商务服务业，交通运输、仓储和邮政业，通信、计算机服务和软件业直接投资都可以促进我国制造业国际分工地位的提升，其中与货物有关的服务和其他商业服务进口贸易在1%的水平上显著，其余部门影响效果不显著。金融服务进口贸易和金融业直接投资对我国制造业国际分工地位的影响相反，前者为抑制作用后者为促进作用，但都不显著。知识产权使用费进口与科学研究和技术服务业直接投资对我国制造业国际分工地位的影响相反，前者为促进作用后者为抑制作用，但都不显著。

生产性服务总体进口复杂度可以促进我国制造业国际分工地位的提升，

但效果不显著。不同部门的进口复杂度对我国制造业国际分工地位的影响不同，知识产权使用费的进口技术复杂度与我国制造业国际分工地位负相关；其余部门的进口技术复杂度都可以促进我国制造业国际分工地位提升，其中运输服务和金融服务分别在 5% 和 1% 的水平上显著，与货物有关服务与通信、计算机和信息服务的影响效果不显著。

# 第7章　结论和政策建议

在中国共产党第十九次人民代表大会的开幕式上，习近平总书记代表十八届中央委员会向大会作报告。习近平在报告中说，我国经济已由高速增长阶段转向高质量发展阶段，正处在转变发展方式、优化经济结构、转换增长动力的攻关期，建设现代经济体系是跨越关口的迫切要求和我国发展的战略目标。实体经济作为我国经济发展的坚实基础，制造业的发展模式关系到现代经济体系建设的成败。在经济新常态下，制造业面临新的挑战。随着劳动力成本、土地规制成本、环境规制成本等传统成本优势的消失，依靠能源要素投入、低质量劳动力投入、规模扩张等粗放型的增长方式难以维持制造业可持续发展迫切需要转变发展模式、优化制造产业结构、转化经济增长动力等，实现转型升级。生产性服务作为知识、技术密集型要素，是制造业结构优化、经济效益增长和生产效率提高等的主要影响因素之一。由于我国生产性服务业起步较晚、发展水平不高，在现阶段可以通过进口来满足制造业生产对生产性服务的多样化需求，推进我国制造业转型升级进程。

本书以此为研究背景，首先从总体和分行业的角度分析我国生产性服务进口和制造业发展现状，结合制造业转型升级的内涵，发现提高制造业的经济效益、生产效率和全球价值链分工地位，是实现我国制造业转型升级的三个主要途径和目标。然后从这三个方面实证分析生产性服务进口数量和质量对制造业转型升级的影响。最后得到以下研究结论。

# 7.1 结论

### 7.1.1 分别从总体和分行业角度分析我国生产性服务进口

2005～2016 年，我国生产性服务贸易和生产性服务业 FDI 的进口规模都呈扩大趋势，年均增长率分别为 9.05% 和 15.21%，前者在服务贸易进口总额中的比重呈单调递减趋势，后者在服务业 FDI 中的比重呈"U"形。生产性服务进口技术复杂度稳步提升，为我国制造业转型升级奠定基础。分部门来看，运输服务是进口规模最大的部门；知识产权使用费，通信、计算机及信息服务及与货物有关的服务进口总量呈单调递增趋势，运输服务和金融服务进口总量呈波动上升趋势。2014 年以前租赁和商务服务业直接投资规模最大，2015 年金融业 FDI 迅速增长，成为实际使用外资金额最大的生产性服务行业。

### 7.1.2 分别从产出、投资和出口的角度分析我国制造业发展现状

2005～2015 年，制造业在 GDP 中的平均比重为 30.75%，年均增速达到 10.60%。虽然制造业增长速度仍然保持较高水平，但下降趋势明显，2015 年的增长率是 2006 年的 0.44 倍。制造业产值和利润都呈递增趋势，两者之间的差距越来越大，10 年间增长了 2.62 倍。借助模糊 C 均值聚类法把制造业划分为劳动密集型产业、资本密集型产业和技术密集型产业。三种产业类

型在制造业中所占比重从大到小依次为技术密集型产业、劳动密集型产业以及资本密集型产业；劳动密集型和技术密集型产业投资比重上升，资本密集型产业投资比重下降；我国出口的制造业产品中50%以上为技术密集型产品，劳动密集型产品的比重最小。

通过计算我国制造产业的结构水平指数发现，2005~2015年，我国制造产业结构水平指数增加，制造业结构逐渐优化。分析我国制造业的产出、投资和出口结构可以发现，2005~2016年，我国28个制造行业的产成品增长了2倍左右，其中纺织业、造纸和纸制品业和其他制造业增长速度较慢；文教、工美、体育和娱乐用品制造业、烟草制造业、有色金属冶炼和压延加工业、医药制造业和交通运输设备制造业增长速度较快。2005~2015年，我国制造业投资规模快速扩张，28个制造行业的投资规模平均增长了7.75倍。其中专用设备制造业、家具制造业、电气机械和器材制造业、通用设备制造业及文教、工美、体育和娱乐用品制造业的投资规模增长速度较快，主要为技术密集型产业。石油加工、炼焦和核燃料加工业、烟草制造业和黑色金属冶炼和压延加工业的投资规模增长速度较慢，主要为资本密集型产业。2005~2016年，我国制造业出口总量增长了1.75倍，除皮革、毛皮、羽毛及其制品和制鞋业的出口规模缩小，其他制造行业的出口规模都呈增长趋势。劳动密集型产品在出口结构中的比重下降，但仍然是我国主要的出口产品；我国的技术密集型产品在出口结构中的比重较低，但出口规模增长速度较快。

### 7.1.3 生产性服务进口对制造业转型升级的影响有较大差异性

本书从制造业经济效益、生产效率和国际分工地位的角度，实证分析了生产性服务进口对制造业转型升级的影响。分别从生产性服务进口数量和质量两个角度分析，进口数量包括跨境贸易和商业存在（直接投资）两种形式，以技术复杂度度量我国生产性服务进口质量，并且分析了不同生产性服务进口部门影响的差异性。以增加值率、全要素生产率和国际分工地位指数分别来度量我国制造业经济效益、生产效率和全球价值链分工地位。

生产性服务进口贸易对我国制造业增加值率提高、全要素生产率增长和国际分工地位提升有显著促进作用；生产性服务业直接投资可以显著促进我国制造业国际分工地位提升，对制造业增加值率和全要素生产率有促进作用，但效果不显著；生产性服务进口技术复杂度可以促进我国制造业增加值率提高、全要素生产率增长和国际分工地位提升，但效果不显著。分部门来看，不同类型的生产性服务进口对制造业转型升级的影响有较大差异；同一种类型的生产性服务进口对制造业增加值率、全要素生产率和国际分工地位的影响存在差异；以不同的形式进口生产性服务对制造业转型升级产生的影响不同。

# 7.2 相关政策建议

## 7.2.1 抓住机遇促进我国生产性服务业发展

生产性服务业具有产业融合度高、创新活跃、带动作用强等特点，是推动制造业转型升级的主要力量之一。全球生产制造服务化发展趋势日益明显，围绕生产性服务领域的竞争也越来越激烈。我国生产性服务业占 GDP 的比重不足 30%，不足发达国家比重的一半，已成为制约制造业转型升级的主要因素之一。大力发展生产性服务业，首先，确立市场主导、政府引导的分工方式。充分发挥市场资源配置作用，激发市场活力和创造力。确立市场的主导地位的同时离不开政府的正确引导。明确生产性服务业的发展方向，大力发展面向制造业的信息技术服务，实现与制造业企业的无缝对接，提高制造业对生产性服务的利用效率。加强和完善知识产权保护制度，为研发设计、技术转移、人力资源服务等服务业发展提供有利条件。其次，提高生产性服务业从业人员的数量和质量。从业人员的规模和素质是生产性服务业发展的主要影响因素之一，从薪酬、待遇等方面引导更多人从事生产性服务业生产，扩大生产性服务业规模。为了提升生产性服务业的发展质量，需要对从业人员的素质进行严格把关，建立平等竞争的用人机制，为从业人员提供学习、培训的机会。再次，以高新技术为基础，转变生产性服务业发展方式。支持和鼓励地方政府搭建发展平台，为中小微企业发展提供技术、资金等支持。利用"互联网+"和大数据等新兴产业搭建信息技术和交易平台，降低企业的生产、沟通成本，提高中微小企业的创业成功率，简化和规范企业的业务流程，形成互利共生的生态系统。建立多元化的融资机制，支持和鼓励地方政府设立生产性服务业企业发展基金，引导创业投资基金对生产性服务业企业的支持。扩大创新试点城市的建设规模，以点带面地加速生产性服务业发展。最后，发挥对外贸易对生产性服务业发展的拉动作用。随着经济、文化全球化趋势增强，开放环境下可以利用出口贸易促进我国生产性服务业发展。双边和多边的自贸区和经济合作平台的成立为我国对外贸易提供了有利条件和稳定的发展环境。共建"一带一路"将构筑新一轮对外开放的"一体两翼"，为我国提供巨大市场潜力的同时推动内陆、沿边地区的开放，缓解区间发展不平衡。由于市场需求具有较大差异性，需要政府主导成立专门的调查和信息搜集机构，充分了解各国发展情况、消费习惯、收入水平和需求结构，选择我国具有比较优势的服务产品加深双边或多边合作，促进我国生产性服务业发展。

### 7.2.2 扩大我国生产性服务贸易开放程度

随着全球经济结构转型升级，服务贸易全球化是世界经济发展的必然趋势。除通信、计算机和信息服务外，我国的生产性服务贸易部门都处于逆差状态，我国生产性服务业的国际竞争力较弱。首先，要正确看待贸易逆差，长期来看，进一步扩大市场开放程度，对我国生产性服务业和制造业发展都具有重要意义。从发达国家进口生产性服务满足制造业生产需求的同时，可以学习国外先进的发展经验来促进生产性服务业发展。其次，根据 GATS 的相关规定和我国关于服务业所作的入市承诺，循序渐进地开放我国生产性服务业市场，降低生产性服务进口对我国生产性服务业带来的不利冲击。再次，优化生产性服务贸易进口结构。由于与货物贸易存在紧密联系，运输服务一直是我国的主要进口部门，在生产性服务进口总额中的比重约为 50%，金融服务、知识产权使用费等知识、技术密集型服务的进口比重较低。在国内的科学研究、技术服务业和金融业无法满足生产需求的情况下，通过进口国外先进专利和金融服务可以解决制造企业发展所需的技术和资金支持。应该进一步优化我国生产性服务贸易的进口结构，扩大制造业转型升级进程中所需的生产性服务进口规模。最后，扩大资本市场开放，发展跨境金融服务。鼓励和支持金融机构在双边、多边自由贸易区内开展跨境人民币贷款、跨境人民币资金集中运营业务、个人跨境贸易人民币结算业务等跨境金融业务，为生产性服务贸易进一步开放提供条件。

### 7.2.3 加大引进生产性服务业直接投资力度

随着全球化水平和国际分工的加深，外资流入在弥补了我国制造业发展资金缺口的同时，引进外资的竞争效应和溢出效应，可以提升东道国制造企业的生产技术水平、激励企业研发创新。据调查数据显示，中国利用外资的技术溢出效应较低，有以下几方面原因：首先，外资企业的技术外溢效应与东道国企业的技术吸收能力有关，产业发展水平较低阻碍对外资企业技术外溢的吸收、模仿。其次，跨国公司基于竞争战略的考虑，可能把研发环节转移到国外，我国企业在与外资企业合作或开展业务时，获得的多数是标准化的技术，核心技术仍然掌握在外资企业手中。最后，外资企业的人力资本流动主要是从一个外资企业流向另一个外资企业，对我国国内企业产生的技术外溢效应不明显。另外，外资企业通过高薪资制度可能把国内企业的优秀人才吸引过去，人力资本流动带来负的技术溢出效应。制造业转型升级进程中，在加大引进外资力度的同时，应当提升外资企业的技术外溢效应，引导对外直接投资投向对制造业转型升级具有促进效应的生产性服务行业，充分发挥外资对制造业发展的促进作用。应该做到以下几点：第一，筛选对外直接投资的来源，提高准入条件。为了引进对外直接投资，我国提供了很多政策支持，为了防止企业为了获取政策支持而形成无效率的投资，必须对引进的对外直接投资制定详细的准入规则。对于符合准入规则的外资，简化直接投资的基本程序和步骤，提升引进外资效率，通过引进生产性服务业直接投资切实有效地推进制造业转型升级。第二，引导直接投资投向有利于我国制造业发展的生产性服务部门。生产性服务业是为制造业生产服务的产业，引进直接投资扩大生产性服务业发展规模的同时，不能忽视其对制造业转型升级的效用。对于能够有效推进制造业转型升级的生产性服务业直接投资，从投资程序、优惠政策等方面给予支持。加深科技创新合作，提升生产性服务业直接投资的技术溢出效应，推进我国制造业转型升级。第三，在遵守 WTO 规则和国际惯例的基础上，完善我国直接投资的法律环境。制定具体、详细的法律条款，进一步加强对知识产权的保护，为外资构建平等、竞争和安全投资环境，吸引更多外资企业以技术转移的方式对我国生产性服务业直接投资。针对引进生产性服务业直接投资过程中造成的冲突和纠纷，成立专门的仲裁机构，最大限度降低冲突造成的损失。

### 7.2.4　充分考虑不同生产性服务进口影响的差异性

异质性是生产性服务具有的主要特点之一，不同供给方提供同一类型的生产性服务有较大差异性，不同类型的生产性服务在制造业生产的同一或不同环节发挥的效用各不相同。例如，运输服务可以使各个生产环节有效衔接起来，提高生产效率；金融服务为制造企业生产提供资金和所需的金融工具支持；科学研究和技术服务为生产提供技术支持等。虽然总体生产性服务进口对我国制造业转型升级有显著促进作用，但不同类型生产性服务进口的影响有较大差异性。在进口生产性服务时要充分考虑到部门间的差异性，实现生产性服务进口对我国制造业转型升级最大限度的促进作用。另外，同一种生产性服务以不同的形式进口对制造业转型升级的作用同样存在较大差异。制造企业可以结合自身发展需要进口生产性服务，而生产性服务业直接投资对制造企业的针对性较弱，生产性服务业直接投资对制造业转型升级的促进效应相应降低，选择跨境贸易的形式进口生产性服务更能推进制造业转型升级。

### 7.2.5　结合制造业的发展目标制定进口战略

我国不同类型的制造业发展状况和发展目标各不相同，在制定进口战略时要考虑生产性服务进口影响的差异性，根据不同类型制造业的发展目标和生产需要进口生产性服务。首先，需要准确评估制造业的发展状况。制造业实现可持续发展的前提是要明确自身的发展现状和未来发展趋势，可以由政府或政府引导支持第三方成立专门的评估机构进行评估。其次，通过开放规则、税收优惠政策等满足制造业转型升级对进口生产性服务的需求。在明确制造业转型升级的目标和任务以后，对于生产最需要的生产性服务可以在进口时给予相关政策支持，限制对生产没有促进作用的生产性服务的进口，最大限度优化资源配置，推进制造业转型升级。最后，制造业企业作为生产主体要加强对生产的管理和监督。每个企业内部都有固定的生产管理和监督部门，要发挥其导航作用，充分了解企业自身的发展状况和发展目标，明确对生产性服务进口规模和结构的需求状况。

### 7.2.6 培养专业化人才，提升企业的研发能力

研发创新和人力资本是企业技术进步、获得竞争优势的重要因素。近年我国的研发投入水平大幅度提升，但与发达国家相比，研发创新能力和人力资本还有很大差距，尤其是企业的自主研发能力和现实生产力转化能力较弱。我国拥有充足的低质量劳动力，但人力资本严重不足。随着我国劳动力红利逐渐消失，许多跨国企业把生产环节转移到劳动力成本更低的发展中国家，给我国制造业发展带来巨大冲击。加快人力资本的积累，是减少外部冲击对我国制造业的消极影响、推进转型升级的有效途径。首先，从国家或产业层面为企业的研发活动提供政策和资金支持。研发创新活动的初期需要投入大量的人力和物力成本，国家或产业的扶持可以推进企业的研发活动顺利进行。国家可以提供专项资金，用于奖励企业的研发成果，举办具有奖励制度的研发成果评比活动，激励企业的研发创新活力。同时，成立专门的技术支持机构，用于解决企业在研发过程中遇到的困难。为了提高企业研发成果的实际使用效率，需要对研发成果进行严格的审查和监督，防止出现为了获取政策或资金支持研发成果并不能转化为生产能力的情况。其次，注重专业化人才的培养。在培养专业化人才过程中，政府需要打破传统观念的约束，重视高等教育和继续教育，加强企业与高校合作，为企业的员工提供专门的技能培训，或者为企业的培训活动提供资金和人才支持，培养出既具有实际操作能力又具有专业理论和文化知识的技术人员。另外，吸引海外人才和海外留学

生回流。为海外人才提供优越的条件，简化出入境办理手续、放宽居留期限和居留条件。完善我国社会制度，改善海外人才家属的生活、学习和工作条件。设立多种研究项目、提供丰厚的奖学金和勤工俭学的机会，吸引优秀的海外留学生在中国工作。以高工资、丰厚的物质条件和良好的生活、工作环境吸引海外留学生回国。最后，企业需要制定高效的研发战略、组织高效率的研发团队、设定明确的研发考核和奖励机制。研发战略确定了企业研发活动的方向，保证研发活动可以快速、健康和持续地推进。高效率的研发团队是企业提升研发能力和核心竞争力的关键因素，企业要组织一支具有专业化知识和研发精神的研发团队。设立明确的研发的考核和奖励机制，使企业内部形成良好的学习、工作和竞争氛围，激发员工工作的积极性，提高企业的研发创新水平。

# 参考文献

［1］蔡瑞林，陈万明，陈圻．低成本创新驱动制造业高端化的路径研究［J］．科学学研究，2014（3）：384-391+399.

［2］陈菲，周钰玲，刘艳敏．中国生产性服务业对制造业技术效率的溢出效应研究［J］．产经评论，2017（2）：20-33.

［3］陈佳彬．金融业利润增长对制造业的影响［J］．现代经济信息，2016（1）：292-293.

［4］陈健．进口技术复杂度如何影响中国服务业发展？——转移份额分解下的根源探析［J］．经济评论，2013（11）：70-77+143.

［5］陈启斐，刘志彪．生产性服务进口对我国制造业技术进步的实证分析［J］．数量经济技术经济研究，2014（3）：74-88.

［6］陈少铭．生产性服务业 FDI 对中国制造业效率的影响——基于技术溢出的视角［J］．企业科技与发展，2017（5）：4-7.

［7］陈宪，黄建锋．分工、互动与融合：服务业与制造业关系演进的实证研究［J］．中国软科学，2004（10）：65-71+76.

［8］楚明钦．生产性服务与装备制造业融合程度的国际比较——基于 OECD 投入产出表的分析［J］．国际经贸探索，2014（2）：52-63.

［9］戴翔．服务进口复杂度与我国制造业效率提升［J］．科研管理，2014（6）：108-114．

［10］戴翔．服务贸易进口技术含量与中国工业经济发展方式转变［J］．管理世界，2013（9）：21-31+54+187．

［11］董黎明．上市公司债务融资结构性差异对绩效的影响［J］．中南财经政法大学学报，2007（6）：105-109．

［12］樊秀峰，韩亚峰．生产性服务贸易对制造业生产效率影响的实证研究——基于价值链视角［J］．国际经贸探索，2012（5）：4-14．

［13］方希桦，包群，赖明勇．国际技术溢出：基于进口传导机制的实证研究［J］．中国软科学，2004（7）：58-64．

［14］冯泰文．生产性服务业的发展对制造业效率的影响——以交易成本和制造成本为中介变量［J］．数量经济技术经济研究，2009（3）：56-65．

［15］付晓丹．生产性服务贸易对制造业升级的影响研究［J］．统计与决策，2012（9）：140-142．

［16］高传胜．中国生产者服务对制造业升级的支撑作用——基于中国投入产出数据的实证研究［J］．山西财经大学学报，2008（1）：44-50．

［17］高觉民，李晓慧．生产性服务业与制造业的互动机理：理论与实证［J］．中国工业经济，2011（6）：151-160．

［18］顾乃华，夏杰长．对外贸易与制造业投入服务化的经济效应——基于2007年投入产出表的实证研究［J］．社会科学研究，2010（5）：17-21．

［19］官华平，谌新民．珠三角产业升级与人力资本相互影响机制分析——基于东莞的微观证据［J］．华南师范大学学报（社会科学版），2011（10）：95-102+160．

［20］郭根龙，鲁慧鑫．高端服务进口对制造业升级的影响——理论分析与来自中国的经验数据［J］．未来与发展，2015（6）：53-59．

［21］韩惠民，杨上广．生产性服务业集聚对制造业生产率提升机制研究——以安徽省为例［J］．商业经济研究，2015（9）：115-117.

［22］韩明华．生产性服务业促进产业结构优化升级研究——以宁波制造业转型为例［J］．经济体制改革，2010（4）：51-55.

［23］胡国平，杨诗宇，景宏鑫．生产性服务业 FDI 对我国制造业效率的影响研究：基于关联效应的视角［J］．投资研究，2013（8）：153-158.

［24］胡晓鹏．生产性服务业的分类统计及其结构优化——基于生产性服务业与制造业互动的视角［J］．财经科学，2008（9）：86-94.

［25］华广敏．高技术服务业 FDI 对东道国制造业效率影响的研究——基于中介效应分析［J］．世界经济研究，2012（12）：58-65+85-86.

［26］华民．我们究竟应当怎样来看待中国对外开放的效益？［J］．国际经济评论，2006（1）：41-47.

［27］黄莉芳，黄良文．生产性服务业提升制造业生产率的调节机制检验［J］．财经论丛，2012（5）：9-13.

［28］黄顺魁．制造业转型升级：德国"工业4.0"的启示［J］．学习与实践，2015（1）：44-51.

［29］黄先海，张云帆．我国外贸外资的技术溢出效应分析［J］．国际贸易问题，2005（1）：27-32.

［30］黄勇峰，任若恩．中美两国制造业全要素生产率比较研究［J］．经济学（季刊），2002（10）：161-180.

［31］霍景东，黄群慧．影响工业服务外包的因素分析——基于22个工业行业的面板数据分析［J］．中国工业经济，2012（12）：44-56.

［32］贾莹，王铁山，徐玲．生产性服务业对制造业转型升级的作用机制研究［J］．技术与创新管理，2016（1）：76-81.

［33］江静，刘志彪，于明超．生产者服务业发展与制造业效率提

升：基于地区和行业面板数据的经验分析［J］．世界经济，2007（8）：52-62.

［34］江小涓，李辉．服务业与中国经济：相关性和加快增长的潜力［J］．经济研究，2004（1）：4-15.

［35］江心英，李娜．江苏省生产性服务业 FDI 对制造业的影响研究［J］．江苏商论，2014（3）：44-48.

［36］蒋兴明．产业转型升级内涵路径研究［J］．经济问题探索，2014（12）：43-49.

［37］金碚，吕铁，邓洲．中国工业结构转型升级：进展、问题与趋势［J］．中国工业经济，2011（2）：5-15.

［38］李爽．R&D 强度、政府支持度与新能源企业的技术创新效率［J］．软科学，2016（3）：11-14.

［39］刘斌，魏倩，吕越，祝坤福．制造业服务化与价值链升级［J］．经济研究，2016（3）：151-162.

［40］刘浩，原毅军．中国生产性服务业与制造业的共生行为模式检验［J］．财贸研究，2010（6）：54-59.

［41］刘继森，林培斌．生产性服务进口对提升制造业生产效率的实证检验［J］．广东外语外贸大学学报，2016（4）：30-38.

［42］刘艳．生产性服务进口与高技术制成品出口复杂度——基于跨国面板数据的实证分析［J］．产业经济研究，2014（4）：84-93.

［43］刘志彪．发展现代生产者服务业与调整优化制造业结构［J］．南京大学学报（哲学·人文科学·社会科学版），2006（5）：36-44.

［44］刘志彪．提升生产率：新常态下经济转型升级的目标与关键措施［J］．审计与经济研究，2015（4）：77-84.

［45］路红艳．生产性服务与制造业结构升级——基于产业互动、融合

的视角 [J]. 财贸经济, 2009 (9): 126-131.

[46] 吕政, 刘勇, 王钦. 中国生产性服务业发展的战略选择——基于产业互动的研究视角 [J]. 中国工业经济, 2006 (8): 5-12.

[47] 吕志胜, 金雪涛. 生产性服务业与制造业的融合关联——基于美国的研究 [J]. 经济研究参考, 2011 (10): 14-21.

[48] 马鹏, 肖宇. 服务贸易出口技术复杂度与产业转型升级——基于 G20 国家面板数据的比较分析 [J]. 财贸经济, 2014 (5): 105-114.

[49] 孟萍莉, 董相町. 生产性服务业 FDI、OFDI 对制造业结构升级的影响——基于灰色关联理论的实证分析 [J]. 经济与管理, 2017 (5): 74-79.

[50] 聂聆, 骆晓婷. "金砖四国" 生产性服务贸易结构与竞争力研究 [J]. 中央财经大学学报, 2011 (3): 67-72+79.

[51] 彭湘君, 曾国平. 基于内生经济增长模型的生产性服务业对制造业效率影响的研究 [J]. 经济问题探索, 2014 (12): 72-78.

[52] 钱书法, 贺建, 程海狮. 社会分工制度下生产性服务业与制造业关系新探——以江苏省为例 [J]. 经济理论与经济管理, 2010 (3): 69-74.

[53] 邱爱莲, 崔日明, 逄红梅. 生产性服务进口贸易前向溢出效应对中国制造业 TFP 的影响——基于制造业行业要素密集度差异的角度 [J]. 国际商务 (对外经济贸易大学学报), 2016 (5): 41-51.

[54] 宋易珈, 常力文. 知识型服务贸易能让制造业摆脱低端制造吗? [J]. 经营管理者, 2014 (7): 233.

[55] 孙理军, 严良. 全球价值链上中国制造业转型升级绩效的国际比较 [J]. 宏观经济研究, 2016 (1): 73-85.

[56] 孙晓华, 王昀. 企业规模对生产率及其差异的影响——来自工业企业微观数据的实证研究 [J]. 中国工业经济, 2014 (5): 57-69.

［57］唐保庆，陈志和，杨继军．服务贸易进口是否带来国外 R&D 溢出效应［J］．数量经济技术经济研究，2011（5）：94-109+138.

［58］汪素芹，孙燕．中国生产性服务贸易发展及其结构分析［J］．商业经济与管理，2008（11）：62-67.

［59］王凤．资本结构与公司绩效的相关性研究——来自中国旅游上市公司的经验数据［J］．经济管理，2007（2）：16-21.

［60］王谦，丁琦．生产性服务贸易技术复杂度与我国产业结构升级［J］．经营与管理，2016（11）：72-75.

［61］王荣艳．东亚地区生产者服务贸易结构变迁研究——基于"雁阵"模式的实证分析［J］．亚太经济，2010（3）：42-46.

［62］王诏怡．生产性服务进口、FDI 与制造业生产率——基于行业面板数据的实证研究［J］．首都经济贸易大学学报，2013（1）：47-53.

［63］魏江，周丹．我国生产性服务业与制造业互动需求结构及发展态势［J］．经济管理，2010（8）：17-25.

［64］薛继亮．技术选择与产业结构转型升级［J］．产业经济研究，2013（6）：29-37.

［65］杨春立，于明．生产性服务与制造业价值链变化的分析［J］．计算机集成制造系统，2008（1）：153-159.

［66］杨玲．上海生产性服务进口贸易技术溢出效应研究［J］．国际经贸探索，2014（2）：17-27.

［67］杨玉英．生产性服务业与经济发展关联性的经验分析［J］．经济学动态，2010（11）：40-44.

［68］余道先，刘海云．中国生产性服务贸易结构与贸易竞争力分析［J］．世界经济研究，2010（2）：49-55+88.

［69］喻美辞，喻春娇．中国进口贸易技术溢出效应的实证分析［J］．国

际贸易问题，2006（3）：26-31.

[70] 曾繁华，何启祥，冯儒，吴阳芬．创新驱动制造业转型升级机理及演化路径研究——基于全球价值链治理视角 [J]．科技进步与对策，2015（12）：45-50.

[71] 翟华云，方芳．区域科技金融发展、R&D 投入与企业成长性研究——基于战略性新兴产业上市公司的经验证据 [J]．科技进步与对策，2014（3）：34-38.

[72] 詹浩勇，冯金丽．生产性服务业集聚与制造业转型升级的机理与实证检验 [J]．商业研究，2014（4）：49-56.

[73] 张其仔，李蕾．制造业转型升级与地区经济增长 [J]．经济与管理研究，2017，38（2）：97-111.

[74] 张世贤．工业投资效率与产业结构变动的实证研究——兼与郭克莎博士商榷 [J]．管理世界，2000（5）：79-85+115.

[75] 张宇馨．生产性服务业外资对我国制造业升级发展的影响 [J]．当代经济研究，2014（6）：50-54.

[76] 赵玉林，徐娟娟．武汉生产性服务业发展与制造业升级 [J]．华中农业大学学报（社会科学版），2008（5）：75-79.

[77] 郑春霞，陈漓高．国际分工深化中生产者服务贸易的增长及对我国的启示 [J]．世界经济研究，2007（1）：23-27+88.

[78] 周昌林，魏建良．产业结构水平测度模型与实证分析——以上海、深圳、宁波为例 [J]．上海经济研究，2007（6）：15-21.

[79] 周蕾．生产性服务业集聚水平的测度分析——以浙江为例 [J]．对外经贸实务，2009（1）：75-78.

[80] 周念利．中国服务业改革对制造业微观生产效率的影响测度及异质性考察——基于服务中间投入的视角 [J]．金融研究，2014（9）：84-98.

［81］周鹏，赵玲，胡凯. 生产性服务业支撑制造业价值链升级的实证研究［J］. 科技和产业，2011（9）：9-11+15.

［82］祝树金，奉晓丽. 我国进口贸易技术结构的变迁分析与国际比较：1985—2008［J］. 财贸经济，2011（8）：87-93+137.

［83］庄丽娟，陈翠兰. 我国服务贸易与货物贸易的动态相关性研究——基于脉冲响应函数方法的实证分析［J］. 国际贸易问题，2009（2）：54-60.

［84］Amiti M，Wei S J. Service Offshoring，Productivity and Employment：Evidence from the US［R］. IMF Working Paper，2005.

［85］Antràs P，Chor，D，Fally T，Hillberry R. Measuring the Upstreamness of Production and Trade Flows［J］. The American Economic Review，2012，102（5）：412-416.

［86］Arnold J M，Javorcik B S，Mattoo A. Does Services Liberalization Benefit Manufacturing Firms? Evidencefrom the Czech Republic［J］. Journal of International Economics，2011（85）：136-146.

［87］Arnold J M，Mattoo A，Narciso G. Services Inputs and Firm Productivity in Sub-Saharan Africa：Evidence from Firm-level Data［J］. Journal of African Economies，2008（17）：578-599.

［88］Baumol W J. Macroeconomics of Unbalanced Growth：The Anatomy of Urban Crisis［J］. American Economic Review，1967，57（6）：415-426.

［89］Borenszteina E，Gregoriob J D，Leec J W. How does Foreign Direct Investment Affect Economic Growth?［J］. Journal of International Economics，1998，45（6）：115-135.

［90］Chakraborty C，Nunnenkamp P. Economic Reform，FDI，and Economic Growth in India：A Sector Level Analysis［J］. World Development，2008，

35 (7): 1192-1212.

[91] Coe D T, Helpman E. International R&D Spillovers [J]. European Economics Review, 1995, 39 (8): 859-887.

[92] Coffey W J. Forward & Backward Linkages of Producer Service Establishments: Evidence from the Montreal Metropolitan Area [J]. Urban Geography, 1996 (10): 604-632.

[93] Cohen S S, Zysman J. Manufacturing Matters: The Myth of the Post-Industrial Economy [M]. New York: Basic Books, 1987.

[94] Cui L, Syed M. The Shifting Structure of China's Trade and Production [J]. IMF Working Paper Asia and Pacific Department, 2007 (9).

[95] Daniels P. Some Perspectives on the Geography of Servicess [J]. Progress in Human Geography, 1989 (6): 427-438.

[96] Daniels P W. Service Industries: Growth and Location [M]. Cambridge University Press, 1982.

[97] Daudin G, Rifflart C, Schweisguth D. Who Produces for Whom in the World Economy? [J]. The Canadian Journal of Economics, 2011, 44 (11): 1403-1437.

[98] Ehier W. National and International Returns to Scale in the Modern Theory of International Trade [J]. American Economic Review, 1982 (72): 389-405.

[99] Evenett S J, Keller W. On Theories Explaining the Success of the Gravity Equation [J]. Journal of Political Economy, 2002 (110): 281-316.

[100] Fare R, Grosskopf S, Lovell C A K. Production Frontiers [M]. Cambridge University Press, 2008.

[101] Fernandes A M, Paunov C. Foreign Direct Investment in Services and

Manufacturing Productivity Growth: Evidence for Chile [R]. Policy Research Working Paper Series, the World Bank, 2008.

[102] Francois J F, Woerz J. Producer Services, Manufacturing Linkage and Trade [J]. Journal of Industry Competition and Trade, 2008, 8 (12): 199-229.

[103] Francois J. Trade in Producer Services and Returns Due to Specialization Number Monopolistic Competition [J]. Canadian Journal of Economics, 1990 (23): 109-124.

[104] Gereffi G. International Trade and Industrial Upgrading in the Apparel Commodity Chain [J]. Journal of International Economics, 1999 (6): 37-70.

[105] Greenfield H l. Manpower and the Growth of Producer Services [M]. Columbia U Press, 1966.

[106] Grubel H, Walker M A. Service Industry Growth: Causes and Effects [J]. Fraser Institute, 1989 (1).

[107] Guerrieri P, Meliciani V. Technology and International Competitiveness: The Interdependence between Manufacturing and Producer Services [J]. Structural Change and Economic Dynamics, 2005 (1).

[108] Hansen B E. Autoregressive Conditional Density Estimation [J]. International Economic Review, 1994, 35 (8): 705-730.

[109] Hausman R, Hwang J, Rodrik D. What You Export Matters [R]. NBER Working Paper, 2005 (12).

[110] Hoekman B M. Liberalizing Trade in Services: A Survey [Z]. 2006.

[111] Howells J, Green A E. Location, Technology and Industrial Organization in UK Services [J]. Progress in Planning, 1986 (12): 83-183.

[112] Hubbard R K B, Nutter D S. Service Sector Employment in Merseyside [J]. Geoforum, 1982 (13): 209-235.

[113] Hummels D, Ishii J, Yi K M. The Nature and Growth of Vertical Specialization in World Trade [J]. Journal of International Economics, 2001 (2): 75-99.

[114] Humphery J, Schmitz H. Chain Governance and Upgrading: Taking Stock [D]. Local Enterprises in the Global Economy: Issues of Governance and Upgrading, 2004.

[115] Jakob M. Technology Spilover through Trade and TFP Convergence: 120 Years of Evidence for the OECD Countries [R]. EPRU Working Paper Series, 2006.

[116] Johnson R C, Noguera G. Accounting for Intermediates: Production Share and Trade in Value Added [J]. Journal of International Economics, 2012, 86 (3): 224-236.

[117] Kakaomerlioglu D C, Carlsson B. Manufacturing in Decline? A Matter of Definition [J]. Economics of Innovation and New Technology, 2006 (7): 175-196.

[118] Klodt H. Industrial Policy and the East German Productivity Puzzle [J]. German Economic Review, 2000 (3): 315-333.

[119] Koopman R, Wang Z, Shang J W. Tracing Value-added and Double Counting in Gross Exports [R]. NBER Working Paper, 2012 (1).

[120] Lundvall B A, Borras S. The Globalizing Learning Economy: Implication for Innovation Policy [R]//Report Prepared Under the TSER Program, GGXII. Luxembourg: Commission of the European Union, 1998.

[121] Machlup F. The Production and Distribution of Knowledge in the United States [M]. Princeton University Press, 1962.

[122] Madsen J B. Technology Spillover through Trade and TFP Conver-

gence: 135 Years of Evidence for the OECD Countries [J]. Journal of International Economics, 2007 (72): 464-480.

[123] Markusen J R. Trade in Producer Services and in Other Specialized Internediate Inputs [J]. American Economic Review, 1989 (1): 85-95.

[124] Marshall J N, Damesick P, Wood P A. Understanding the Location and Role of Producer Services in the UK [J]. Environment and Planning, 1987 (2): 575-595.

[125] Martinelli F A. Demand-oriented Approach to Understanding Producer Services, the Changing Geography of Advanced Producer Services [M]. London Belhaven Press, 1991.

[126] Melvin R. Trade in Producer Service: A Heckscher-Ohlin Approach [J]. Journal of Political Economy, 1989 (97): 1180-1196.

[127] O'Faceell P N, Hitchens D M W N. Producer Services and Regional Development: A Review of Some Major Conceptual Policy and Research Issues [J]. Environment and Planning A, 1990 (6): 1141-1154.

[128] Peneder M. Structural Change and Aggregate Growth [J]. Structural Change and Economic Dynamics, 2002 (14): 427-448.

[129] Ramaswamy R, Rowthorn R. Growth, Trade and Deindustrialization [R]. Imf Staff Papers, 1999.

[130] Riddle D. Service-Led Growth Role of the Service Sector in World Development [M]. NY: Praeger Publishers, 1986.

[131] Robert M J, Tybout J R. The Decision to Export in Colombia: An Empirical Model of Entry with Sunk Costs [J]. The American Economics Review, 1997, 87 (9): 545-564.

[132] Romer P M. Endogenous Technological Change [J]. The Journal of

Political Economy, 1990, 10 (98): 71-102.

[133] Romer P M. Increasing Returns and Long-Run Growth [J]. Journal of Political Economy, 1986 (94): 1002-1037.

[134] Rostow W W. The Stages of Economic Growth: A Non-Communist Manifesto [M]. Cambridge University Press, 1960.

[135] Rowthorn R, Ramaswamy R. Growth, Trade and Deindustrialization [J]. IMF Staff Papers, 1999 (46): 18-41.

[136] Singelman J. From Agriculture to Services: The Transformation of Industrial Employment [M]. New York: Sage Publication, Inc. 1978.

[137] Xu, B. Measuring the Technology Content of China's Exports [R]. Working Paper, 2006.

[138] Young A. Learning by Doing and Dynamic Effects of International Trade [J]. The Quarterly Journal of Economics, 1991 (6): 369-405.

# 附　录

## A. 2005～2014 年制造业全要素生产率和
## 各分解项指数

附表 1　2005 年 28 个制造行业全要素生产率和分解项指数

| 制造产业 | effch | techch | pech | sech | tfpch |
|---|---|---|---|---|---|
| 农副食品加工业 | 0.673 | 1.163 | 0.679 | 0.990 | 0.782 |
| 食品制造业 | 0.713 | 1.164 | 0.777 | 0.918 | 0.830 |
| 酒、饮料和精制茶制造业 | 0.655 | 1.167 | 0.799 | 0.819 | 0.764 |
| 烟草制品业 | 0.723 | 1.181 | 0.849 | 0.852 | 0.854 |
| 纺织业 | 0.730 | 1.192 | 0.949 | 0.770 | 0.870 |
| 纺织服装、服饰业 | 0.235 | 1.223 | 0.979 | 0.239 | 0.287 |
| 皮革、毛皮、羽毛及其制品和制鞋业 | 0.266 | 1.214 | 1.024 | 0.260 | 0.323 |
| 木材加工和木、竹、藤、棕、草制品业 | 0.218 | 1.283 | 0.938 | 0.233 | 0.280 |
| 家具制造业 | 0.760 | 1.199 | 1.000 | 0.760 | 0.911 |

| 制造产业 | effch | techch | pech | sech | tfpch |
|---|---|---|---|---|---|
| 造纸和纸制品业 | 0.408 | 1.303 | 0.969 | 0.421 | 0.532 |
| 印刷和记录媒介复制业 | 0.462 | 1.367 | 0.972 | 0.476 | 0.632 |
| 文教、工美、体育和娱乐用品制造业 | 0.716 | 1.266 | 0.934 | 0.766 | 0.906 |
| 石油加工、炼焦和核燃料加工业 | 1.178 | 1.222 | 0.993 | 1.187 | 1.439 |
| 化学原料和化学制品制造业 | 1.037 | 1.199 | 0.899 | 1.153 | 1.244 |
| 医药制造业 | 1.354 | 1.209 | 1.027 | 1.318 | 1.636 |
| 化学纤维制造业 | 1.469 | 1.269 | 1.033 | 1.422 | 1.864 |
| 橡胶和塑料制品业 | 1.037 | 1.166 | 0.885 | 1.172 | 1.209 |
| 非金属矿物制品业 | 0.980 | 1.160 | 1.057 | 0.927 | 1.137 |
| 黑色金属冶炼和压延加工业 | 1.100 | 1.160 | 1.214 | 0.906 | 1.277 |
| 有色金属冶炼和压延加工业 | 1.101 | 1.160 | 1.254 | 0.878 | 1.278 |
| 金属制品业 | 1.060 | 1.165 | 1.214 | 0.873 | 1.236 |
| 通用设备制造业 | 1.018 | 1.171 | 1.137 | 0.895 | 1.192 |
| 专用设备制造业 | 1.199 | 1.160 | 1.005 | 1.193 | 1.391 |
| 交通运输设备制造业 | 1.189 | 1.165 | 1.035 | 1.150 | 1.385 |
| 电气机械和器材制造业 | 1.018 | 1.164 | 0.981 | 1.037 | 1.185 |
| 计算机、通信和其他电子设备制造业 | 1.096 | 1.169 | 0.993 | 1.104 | 1.281 |
| 仪器仪表制造业 | 1.079 | 1.172 | 1.029 | 1.049 | 1.265 |
| 其他制造业 | 1.538 | 1.166 | 1.065 | 1.444 | 1.794 |
| Mean | 0.801 | 1.199 | 0.981 | 0.816 | 0.960 |

### 附表 2　2006 年 28 个制造行业全要素生产率和分解项指数

| 制造产业 | effch | techch | pech | sech | tfpch |
|---|---|---|---|---|---|
| 农副食品加工业 | 1.344 | 0.966 | 1.313 | 1.024 | 1.298 |
| 食品制造业 | 1.261 | 0.961 | 1.158 | 1.089 | 1.211 |
| 酒、饮料和精制茶制造业 | 1.196 | 0.953 | 1.022 | 1.170 | 1.140 |
| 烟草制品业 | 1.302 | 0.934 | 1.065 | 1.222 | 1.217 |
| 纺织业 | 1.317 | 0.910 | 0.956 | 1.377 | 1.199 |
| 纺织服装、服饰业 | 4.414 | 0.928 | 1.021 | 4.322 | 4.096 |
| 皮革、毛皮、羽毛及其制品和制鞋业 | 3.904 | 0.868 | 1.000 | 3.904 | 3.388 |

| 制造产业 | effch | techch | pech | sech | tfpch |
|---|---|---|---|---|---|
| 木材加工和木、竹、藤、棕、草制品业 | 4.414 | 0.794 | 1.066 | 4.140 | 3.503 |
| 家具制造业 | 1.320 | 0.873 | 0.976 | 1.352 | 1.152 |
| 造纸和纸制品业 | 2.499 | 0.790 | 1.040 | 2.402 | 1.974 |
| 印刷和记录媒介复制业 | 1.618 | 0.805 | 1.029 | 1.573 | 1.304 |
| 文教、工美、体育和娱乐用品制造业 | 1.714 | 0.808 | 1.025 | 1.672 | 1.385 |
| 石油加工、炼焦和核燃料加工业 | 1.031 | 0.856 | 0.987 | 1.045 | 0.882 |
| 化学原料和化学制品制造业 | 0.982 | 0.879 | 0.985 | 0.997 | 0.863 |
| 医药制造业 | 0.788 | 0.859 | 0.896 | 0.879 | 0.677 |
| 化学纤维制造业 | 0.670 | 0.785 | 0.825 | 0.812 | 0.526 |
| 橡胶和塑料制品业 | 1.069 | 1.051 | 1.005 | 1.064 | 1.123 |
| 非金属矿物制品业 | 1.025 | 1.043 | 0.905 | 1.132 | 1.069 |
| 黑色金属冶炼和压延加工业 | 0.865 | 1.027 | 0.715 | 1.211 | 0.888 |
| 有色金属冶炼和压延加工业 | 1.085 | 1.000 | 0.880 | 1.232 | 1.084 |
| 金属制品业 | 1.116 | 0.973 | 0.896 | 1.246 | 1.086 |
| 通用设备制造业 | 1.083 | 0.821 | 1.199 | 0.903 | 0.890 |
| 专用设备制造业 | 1.106 | 0.831 | 1.059 | 1.045 | 0.919 |
| 交通运输设备制造业 | 1.241 | 0.784 | 1.043 | 1.190 | 0.973 |
| 电气机械和器材制造业 | 1.299 | 0.744 | 1.031 | 1.260 | 0.966 |
| 计算机、通信和其他电子设备制造业 | 1.418 | 0.720 | 1.040 | 1.363 | 1.022 |
| 仪器仪表制造业 | 1.278 | 0.660 | 1.000 | 1.278 | 0.843 |
| 其他制造业 | 0.879 | 0.900 | 0.906 | 0.970 | 0.792 |
| Mean | 1.351 | 0.870 | 0.995 | 1.358 | 1.176 |

### 附表3　2007年28个制造行业全要素生产率和分解项指数

| 制造产业 | effch | techch | pech | sech | tfpch |
|---|---|---|---|---|---|
| 农副食品加工业 | 1.147 | 0.805 | 1.119 | 1.025 | 0.923 |
| 食品制造业 | 1.147 | 0.777 | 1.081 | 1.061 | 0.891 |
| 酒、饮料和精制茶制造业 | 1.191 | 0.831 | 1.147 | 1.038 | 0.990 |
| 烟草制品业 | 1.152 | 0.859 | 1.125 | 1.024 | 0.989 |
| 纺织业 | 1.060 | 0.723 | 1.119 | 0.947 | 0.766 |

续表

| 制造产业 | effch | techch | pech | sech | tfpch |
|---|---|---|---|---|---|
| 纺织服装、服饰业 | 0.864 | 0.698 | 0.916 | 0.944 | 0.603 |
| 皮革、毛皮、羽毛及其制品和制鞋业 | 0.884 | 0.723 | 0.917 | 0.964 | 0.639 |
| 木材加工和木、竹、藤、棕、草制品业 | 1.014 | 0.748 | 1.000 | 1.014 | 0.758 |
| 家具制造业 | 1.016 | 0.766 | 1.023 | 0.993 | 0.778 |
| 造纸和纸制品业 | 0.983 | 0.805 | 1.000 | 0.983 | 0.791 |
| 印刷和记录媒介复制业 | 1.277 | 0.746 | 0.970 | 1.317 | 0.953 |
| 文教、工美、体育和娱乐用品制造业 | 1.272 | 0.764 | 1.007 | 1.263 | 0.972 |
| 石油加工、炼焦和核燃料加工业 | 1.298 | 0.734 | 1.041 | 1.246 | 0.953 |
| 化学原料和化学制品制造业 | 1.523 | 0.757 | 1.202 | 1.267 | 1.153 |
| 医药制造业 | 1.383 | 0.776 | 1.120 | 1.234 | 1.074 |
| 化学纤维制造业 | 0.734 | 0.844 | 0.714 | 1.029 | 0.620 |
| 橡胶和塑料制品业 | 0.696 | 0.838 | 0.676 | 1.030 | 0.583 |
| 非金属矿物制品业 | 0.699 | 0.853 | 0.722 | 0.967 | 0.596 |
| 黑色金属冶炼和压延加工业 | 0.972 | 0.857 | 0.955 | 1.017 | 0.833 |
| 有色金属冶炼和压延加工业 | 0.792 | 0.866 | 0.811 | 0.977 | 0.685 |
| 金属制品业 | 0.763 | 0.870 | 0.777 | 0.982 | 0.663 |
| 通用设备制造业 | 0.865 | 1.018 | 0.603 | 1.435 | 0.880 |
| 专用设备制造业 | 0.812 | 1.020 | 0.692 | 1.173 | 0.827 |
| 交通运输设备制造业 | 0.641 | 1.038 | 0.583 | 1.100 | 0.666 |
| 电气机械和器材制造业 | 0.700 | 1.050 | 0.798 | 0.877 | 0.735 |
| 计算机、通信和其他电子设备制造业 | 0.702 | 1.054 | 1.000 | 0.702 | 0.740 |
| 仪器仪表制造业 | 0.438 | 0.970 | 0.499 | 0.878 | 0.425 |
| 其他制造业 | 0.523 | 0.949 | 0.618 | 0.847 | 0.497 |
| Mean | 0.909 | 0.841 | 0.878 | 1.036 | 0.765 |

**附表4　2008年28个制造行业全要素生产率和分解项指数**

| 制造产业 | effch | techch | pech | sech | tfpch |
|---|---|---|---|---|---|
| 农副食品加工业 | 0.384 | 1.186 | 0.887 | 0.433 | 0.455 |
| 食品制造业 | 0.411 | 1.180 | 0.986 | 0.417 | 0.485 |
| 酒、饮料和精制茶制造业 | 0.451 | 1.133 | 0.942 | 0.479 | 0.511 |

| 制造产业 | effch | techch | pech | sech | tfpch |
|---|---|---|---|---|---|
| 烟草制品业 | 0.432 | 1.092 | 0.931 | 0.464 | 0.472 |
| 纺织业 | 0.467 | 1.546 | 0.883 | 0.528 | 0.721 |
| 纺织服装、服饰业 | 0.564 | 1.564 | 0.968 | 0.582 | 0.882 |
| 皮革、毛皮、羽毛及其制品和制鞋业 | 0.484 | 1.585 | 0.750 | 0.645 | 0.767 |
| 木材加工和木、竹、藤、棕、草制品业 | 0.480 | 1.441 | 0.706 | 0.680 | 0.692 |
| 家具制造业 | 0.530 | 1.414 | 0.740 | 0.717 | 0.750 |
| 造纸和纸制品业 | 0.474 | 1.758 | 1.000 | 0.474 | 0.833 |
| 印刷和记录媒介复制业 | 0.473 | 1.806 | 0.965 | 0.490 | 0.854 |
| 文教、工美、体育和娱乐用品制造业 | 0.491 | 1.702 | 0.926 | 0.530 | 0.836 |
| 石油加工、炼焦和核燃料加工业 | 0.462 | 1.851 | 0.891 | 0.518 | 0.855 |
| 化学原料和化学制品制造业 | 0.436 | 1.766 | 0.844 | 0.516 | 0.770 |
| 医药制造业 | 0.414 | 1.704 | 0.807 | 0.512 | 0.705 |
| 化学纤维制造业 | 1.008 | 1.472 | 1.452 | 0.694 | 1.484 |
| 橡胶和塑料制品业 | 2.038 | 1.467 | 1.755 | 1.162 | 2.990 |
| 非金属矿物制品业 | 1.942 | 1.457 | 1.700 | 1.142 | 2.830 |
| 黑色金属冶炼和压延加工业 | 1.545 | 1.444 | 1.523 | 1.015 | 2.231 |
| 有色金属冶炼和压延加工业 | 1.735 | 1.406 | 1.584 | 1.095 | 2.439 |
| 金属制品业 | 1.173 | 1.085 | 1.434 | 0.818 | 1.272 |
| 通用设备制造业 | 1.166 | 1.084 | 1.419 | 0.822 | 1.264 |
| 专用设备制造业 | 1.140 | 1.083 | 1.187 | 0.960 | 1.234 |
| 交通运输设备制造业 | 1.418 | 1.112 | 1.522 | 0.931 | 1.576 |
| 电气机械和器材制造业 | 1.228 | 1.265 | 1.257 | 0.977 | 1.554 |
| 计算机、通信和其他电子设备制造业 | 1.172 | 1.290 | 0.999 | 1.172 | 1.511 |
| 仪器仪表制造业 | 2.295 | 1.540 | 1.944 | 1.180 | 3.536 |
| 其他制造业 | 2.186 | 1.493 | 1.787 | 1.223 | 3.263 |
| Mean | 0.794 | 1.406 | 1.119 | 0.709 | 1.116 |

**附表5　2009年28个制造行业全要素生产率和分解项指数**

| 制造产业 | effch | techch | pech | sech | tfpch |
|---|---|---|---|---|---|
| 农副食品加工业 | 2.738 | 0.867 | 1.120 | 2.444 | 2.374 |

续表

| 制造产业 | effch | techch | pech | sech | tfpch |
|---|---|---|---|---|---|
| 食品制造业 | 2.680 | 0.915 | 1.110 | 2.415 | 2.453 |
| 酒、饮料和精制茶制造业 | 2.045 | 0.925 | 1.001 | 2.042 | 1.892 |
| 烟草制品业 | 1.290 | 0.886 | 0.614 | 2.100 | 1.143 |
| 纺织业 | 1.272 | 0.852 | 0.628 | 2.026 | 1.083 |
| 纺织服装、服饰业 | 1.249 | 0.896 | 0.689 | 1.812 | 1.119 |
| 皮革、毛皮、羽毛及其制品和制鞋业 | 1.617 | 0.846 | 1.050 | 1.539 | 1.367 |
| 木材加工和木、竹、藤、棕、草制品业 | 1.341 | 0.887 | 0.953 | 1.407 | 1.189 |
| 家具制造业 | 1.218 | 0.915 | 0.953 | 1.278 | 1.115 |
| 造纸和纸制品业 | 1.493 | 0.681 | 0.815 | 1.832 | 1.017 |
| 印刷和记录媒介复制业 | 1.663 | 0.683 | 1.005 | 1.655 | 1.136 |
| 文教、工美、体育和娱乐用品制造业 | 1.538 | 0.684 | 1.028 | 1.495 | 1.051 |
| 石油加工、炼焦和核燃料加工业 | 1.659 | 0.686 | 1.119 | 1.482 | 1.137 |
| 化学原料和化学制品制造业 | 1.749 | 0.687 | 1.184 | 1.477 | 1.202 |
| 医药制造业 | 1.763 | 0.578 | 1.140 | 1.546 | 1.018 |
| 化学纤维制造业 | 1.493 | 0.583 | 1.063 | 1.405 | 0.871 |
| 橡胶和塑料制品业 | 0.824 | 0.592 | 0.965 | 0.853 | 0.488 |
| 非金属矿物制品业 | 0.866 | 0.602 | 0.961 | 0.901 | 0.521 |
| 黑色金属冶炼和压延加工业 | 0.861 | 0.629 | 0.899 | 0.958 | 0.542 |
| 有色金属冶炼和压延加工业 | 0.819 | 0.673 | 0.887 | 0.924 | 0.551 |
| 金属制品业 | 1.390 | 0.921 | 1.098 | 1.266 | 1.280 |
| 通用设备制造业 | 1.454 | 0.938 | 1.170 | 1.243 | 1.364 |
| 专用设备制造业 | 1.298 | 0.936 | 1.142 | 1.137 | 1.214 |
| 交通运输设备制造业 | 1.219 | 0.983 | 1.104 | 1.104 | 1.198 |
| 电气机械和器材制造业 | 1.268 | 1.039 | 1.010 | 1.255 | 1.317 |
| 计算机、通信和其他电子设备制造业 | 0.740 | 1.070 | 1.001 | 0.740 | 0.792 |
| 仪器仪表制造业 | 0.666 | 1.051 | 1.012 | 0.658 | 0.700 |
| 其他制造业 | 0.823 | 1.053 | 1.000 | 0.823 | 0.866 |
| Mean | 1.311 | 0.808 | 0.977 | 1.342 | 1.059 |

附表6　2010年28个制造行业全要素生产率和分解项指数

| 制造产业 | effch | techch | pech | sech | tfpch |
|---|---|---|---|---|---|
| 农副食品加工业 | 0.634 | 1.121 | 1.007 | 0.630 | 0.711 |
| 食品制造业 | 0.679 | 1.086 | 1.000 | 0.679 | 0.737 |
| 酒、饮料和精制茶制造业 | 0.877 | 1.086 | 1.129 | 0.777 | 0.953 |
| 烟草制品业 | 1.619 | 1.110 | 1.748 | 0.926 | 1.797 |
| 纺织业 | 1.673 | 1.234 | 1.741 | 0.961 | 1.898 |
| 纺织服装、服饰业 | 1.643 | 1.178 | 1.636 | 1.004 | 1.936 |
| 皮革、毛皮、羽毛及其制品和制鞋业 | 1.344 | 1.208 | 1.334 | 1.007 | 1.623 |
| 木材加工和木、竹、藤、棕、草制品业 | 1.591 | 1.253 | 1.486 | 1.071 | 1.994 |
| 家具制造业 | 1.300 | 1.125 | 1.201 | 1.082 | 1.463 |
| 造纸和纸制品业 | 1.222 | 1.101 | 1.092 | 1.119 | 1.346 |
| 印刷和记录媒介复制业 | 1.149 | 1.128 | 0.976 | 1.176 | 1.295 |
| 文教、工美、体育和娱乐用品制造业 | 1.212 | 1.127 | 1.004 | 1.207 | 1.366 |
| 石油加工、炼焦和核燃料加工业 | 1.126 | 1.102 | 0.932 | 1.209 | 1.241 |
| 化学原料和化学制品制造业 | 1.081 | 1.065 | 0.899 | 1.203 | 1.151 |
| 医药制造业 | 1.187 | 0.983 | 1.030 | 1.152 | 1.167 |
| 化学纤维制造业 | 1.189 | 0.983 | 1.068 | 1.113 | 1.169 |
| 橡胶和塑料制品业 | 0.989 | 0.983 | 0.936 | 1.056 | 0.972 |
| 非金属矿物制品业 | 1.074 | 0.987 | 1.048 | 1.025 | 1.060 |
| 黑色金属冶炼和压延加工业 | 1.092 | 1.007 | 1.112 | 0.982 | 1.100 |
| 有色金属冶炼和压延加工业 | 0.719 | 0.983 | 0.714 | 1.007 | 0.707 |
| 金属制品业 | 0.614 | 0.983 | 0.633 | 0.969 | 0.603 |
| 通用设备制造业 | 0.579 | 0.983 | 0.631 | 0.918 | 0.569 |
| 专用设备制造业 | 0.649 | 0.983 | 0.718 | 0.903 | 0.638 |
| 交通运输设备制造业 | 0.570 | 1.039 | 0.701 | 0.814 | 0.593 |
| 电气机械和器材制造业 | 0.479 | 1.074 | 0.677 | 0.707 | 0.514 |
| 计算机、通信和其他电子设备制造业 | 0.842 | 1.176 | 0.676 | 1.245 | 0.990 |
| 仪器仪表制造业 | 0.842 | 1.204 | 0.905 | 0.931 | 1.014 |
| 其他制造业 | 0.638 | 1.211 | 1.000 | 0.638 | 0.773 |
| Mean | 0.961 | 1.083 | 0.995 | 0.966 | 1.040 |

附表7　2011年28个制造行业全要素生产率和分解项指数

| 制造产业 | effch | techch | pech | sech | tfpch |
|---|---|---|---|---|---|
| 农副食品加工业 | 1.015 | 0.848 | 0.697 | 1.456 | 0.860 |
| 食品制造业 | 0.973 | 0.839 | 0.768 | 1.266 | 0.816 |
| 酒、饮料和精制茶制造业 | 0.734 | 0.860 | 0.561 | 1.310 | 0.631 |
| 烟草制品业 | 0.582 | 0.843 | 0.558 | 1.044 | 0.491 |
| 纺织业 | 0.660 | 0.836 | 0.626 | 1.054 | 0.551 |
| 纺织服装、服饰业 | 0.671 | 0.823 | 0.674 | 0.996 | 0.552 |
| 皮革、毛皮、羽毛及其制品和制鞋业 | 0.650 | 0.846 | 0.675 | 0.962 | 0.549 |
| 木材加工和木、竹、藤、棕、草制品业 | 0.656 | 0.852 | 0.674 | 0.973 | 0.559 |
| 家具制造业 | 0.889 | 0.950 | 0.976 | 0.910 | 0.844 |
| 造纸和纸制品业 | 0.870 | 0.964 | 1.016 | 0.856 | 0.839 |
| 印刷和记录媒介复制业 | 0.863 | 0.943 | 1.066 | 0.810 | 0.814 |
| 文教、工美、体育和娱乐用品制造业 | 0.933 | 0.940 | 1.084 | 0.861 | 0.877 |
| 石油加工、炼焦和核燃料加工业 | 0.866 | 0.929 | 0.955 | 0.907 | 0.805 |
| 化学原料和化学制品制造业 | 0.738 | 0.958 | 1.113 | 0.663 | 0.706 |
| 医药制造业 | 0.894 | 0.968 | 1.054 | 0.848 | 0.865 |
| 化学纤维制造业 | 0.890 | 0.942 | 1.000 | 0.889 | 0.838 |
| 橡胶和塑料制品业 | 0.847 | 0.907 | 1.042 | 0.813 | 0.768 |
| 非金属矿物制品业 | 0.793 | 0.888 | 0.935 | 0.848 | 0.704 |
| 黑色金属冶炼和压延加工业 | 0.848 | 0.868 | 0.980 | 0.865 | 0.736 |
| 有色金属冶炼和压延加工业 | 1.567 | 0.955 | 1.506 | 1.041 | 1.497 |
| 金属制品业 | 1.746 | 0.933 | 1.614 | 1.082 | 1.629 |
| 通用设备制造业 | 1.601 | 0.905 | 1.470 | 1.089 | 1.449 |
| 专用设备制造业 | 1.488 | 0.886 | 1.368 | 1.088 | 1.319 |
| 交通运输设备制造业 | 1.791 | 0.878 | 1.456 | 1.230 | 1.573 |
| 电气机械和器材制造业 | 2.066 | 1.004 | 1.477 | 1.399 | 2.074 |
| 计算机、通信和其他电子设备制造业 | 1.903 | 1.015 | 1.451 | 1.311 | 1.931 |
| 仪器仪表制造业 | 1.902 | 1.006 | 1.126 | 1.689 | 1.913 |
| 其他制造业 | 1.841 | 0.958 | 0.973 | 1.892 | 1.764 |
| Mean | 1.030 | 0.910 | 0.985 | 1.046 | 0.938 |

附表 8　2012 年 28 个制造行业全要素生产率和分解项指数

| 制造产业 | effch | techch | pech | sech | tfpch |
|---|---|---|---|---|---|
| 农副食品加工业 | 1.365 | 0.952 | 1.436 | 0.950 | 1.299 |
| 食品制造业 | 1.243 | 0.902 | 1.251 | 0.993 | 1.121 |
| 酒、饮料和精制茶制造业 | 1.394 | 1.016 | 1.572 | 0.887 | 1.416 |
| 烟草制品业 | 1.536 | 0.923 | 1.596 | 0.962 | 1.417 |
| 纺织业 | 1.251 | 0.916 | 1.329 | 0.941 | 1.146 |
| 纺织服装、服饰业 | 1.306 | 0.807 | 1.369 | 0.954 | 1.054 |
| 皮革、毛皮、羽毛及其制品和制鞋业 | 1.574 | 0.807 | 1.521 | 1.035 | 1.271 |
| 木材加工和木、竹、藤、棕、草制品业 | 1.525 | 0.822 | 1.483 | 1.028 | 1.253 |
| 家具制造业 | 1.289 | 0.837 | 1.145 | 1.126 | 1.078 |
| 造纸和纸制品业 | 1.235 | 0.824 | 1.011 | 1.222 | 1.017 |
| 印刷和记录媒介复制业 | 1.266 | 0.866 | 0.969 | 1.307 | 1.096 |
| 文教、工美、体育和娱乐用品制造业 | 1.116 | 0.857 | 0.895 | 1.246 | 0.956 |
| 石油加工、炼焦和核燃料加工业 | 1.160 | 0.833 | 1.013 | 1.145 | 0.966 |
| 化学原料和化学制品制造业 | 1.411 | 1.129 | 0.862 | 1.637 | 1.592 |
| 医药制造业 | 1.211 | 1.079 | 0.943 | 1.284 | 1.307 |
| 化学纤维制造业 | 1.161 | 1.027 | 0.967 | 1.201 | 1.192 |
| 橡胶和塑料制品业 | 1.396 | 0.973 | 1.047 | 1.334 | 1.359 |
| 非金属矿物制品业 | 1.446 | 0.933 | 1.094 | 1.322 | 1.350 |
| 黑色金属冶炼和压延加工业 | 1.305 | 0.857 | 1.021 | 1.279 | 1.119 |
| 有色金属冶炼和压延加工业 | 1.042 | 0.901 | 1.025 | 1.016 | 0.939 |
| 金属制品业 | 0.965 | 0.871 | 0.980 | 0.985 | 0.840 |
| 通用设备制造业 | 1.037 | 0.860 | 1.058 | 0.980 | 0.892 |
| 专用设备制造业 | 0.979 | 0.863 | 1.020 | 0.960 | 0.844 |
| 交通运输设备制造业 | 0.885 | 0.852 | 0.920 | 0.962 | 0.754 |
| 电气机械和器材制造业 | 1.012 | 1.149 | 1.000 | 1.012 | 1.162 |
| 计算机、通信和其他电子设备制造业 | 1.026 | 1.157 | 1.019 | 1.006 | 1.187 |
| 仪器仪表制造业 | 0.902 | 1.156 | 0.904 | 0.997 | 1.042 |
| 其他制造业 | 0.986 | 1.184 | 1.004 | 0.983 | 1.168 |
| Mean | 1.199 | 0.934 | 1.104 | 1.086 | 1.120 |

附表9 2013年28个制造行业全要素生产率和分解项指数

| 制造产业 | effch | techch | pech | sech | tfpch |
|---|---|---|---|---|---|
| 农副食品加工业 | 1.152 | 1.032 | 1.000 | 1.152 | 1.188 |
| 食品制造业 | 0.647 | 1.083 | 0.711 | 0.910 | 0.701 |
| 酒、饮料和精制茶制造业 | 0.741 | 1.081 | 0.758 | 0.976 | 0.801 |
| 烟草制品业 | 0.797 | 1.046 | 0.802 | 0.993 | 0.834 |
| 纺织业 | 0.866 | 1.018 | 0.895 | 0.968 | 0.882 |
| 纺织服装、服饰业 | 0.799 | 1.037 | 0.791 | 1.010 | 0.828 |
| 皮革、毛皮、羽毛及其制品和制鞋业 | 0.827 | 1.038 | 0.820 | 1.008 | 0.859 |
| 木材加工和木、竹、藤、棕、草制品业 | 0.641 | 1.135 | 0.643 | 0.998 | 0.728 |
| 家具制造业 | 0.682 | 1.133 | 0.680 | 1.002 | 0.773 |
| 造纸和纸制品业 | 0.713 | 1.135 | 0.737 | 0.967 | 0.809 |
| 印刷和记录媒介复制业 | 0.785 | 1.062 | 0.883 | 0.889 | 0.834 |
| 文教、工美、体育和娱乐用品制造业 | 0.922 | 1.040 | 1.117 | 0.825 | 0.959 |
| 石油加工、炼焦和核燃料加工业 | 1.057 | 1.133 | 1.143 | 0.925 | 1.197 |
| 化学原料和化学制品制造业 | 1.106 | 1.150 | 1.160 | 0.953 | 1.272 |
| 医药制造业 | 1.067 | 1.142 | 1.060 | 1.006 | 1.219 |
| 化学纤维制造业 | 1.013 | 1.099 | 1.023 | 0.990 | 1.114 |
| 橡胶和塑料制品业 | 1.013 | 1.055 | 1.009 | 1.004 | 1.068 |
| 非金属矿物制品业 | 0.991 | 1.026 | 1.000 | 0.991 | 1.016 |
| 黑色金属冶炼和压延加工业 | 0.969 | 1.163 | 0.960 | 1.010 | 1.128 |
| 有色金属冶炼和压延加工业 | 1.039 | 1.146 | 1.023 | 1.016 | 1.190 |
| 金属制品业 | 0.886 | 1.208 | 0.949 | 0.934 | 1.071 |
| 通用设备制造业 | 0.981 | 1.187 | 1.019 | 0.963 | 1.165 |
| 专用设备制造业 | 1.089 | 1.113 | 1.065 | 1.022 | 1.212 |
| 交通运输设备制造业 | 0.710 | 1.090 | 0.871 | 0.815 | 0.774 |
| 电气机械和器材制造业 | 0.584 | 1.132 | 0.653 | 0.895 | 0.661 |
| 计算机、通信和其他电子设备制造业 | 0.546 | 1.094 | 0.594 | 0.920 | 0.597 |
| 仪器仪表制造业 | 0.628 | 1.076 | 0.676 | 0.929 | 0.676 |
| 其他制造业 | 0.600 | 1.060 | 0.615 | 0.976 | 0.636 |
| Mean | 0.832 | 1.096 | 0.864 | 0.964 | 0.912 |

### 附表 10  2014 年 28 个制造行业全要素生产率和分解项指数

| 制造产业 | effch | techch | pech | sech | tfpch |
|---|---|---|---|---|---|
| 农副食品加工业 | 0.675 | 0.789 | 1.000 | 0.675 | 0.533 |
| 食品制造业 | 1.089 | 0.940 | 1.275 | 0.854 | 1.024 |
| 酒、饮料和精制茶制造业 | 0.957 | 0.944 | 1.250 | 0.765 | 0.903 |
| 烟草制品业 | 0.642 | 1.045 | 0.982 | 0.654 | 0.671 |
| 纺织业 | 0.779 | 0.999 | 1.170 | 0.666 | 0.778 |
| 纺织服装、服饰业 | 0.900 | 0.960 | 1.371 | 0.656 | 0.864 |
| 皮革、毛皮、羽毛及其制品和制鞋业 | 0.651 | 1.018 | 1.068 | 0.609 | 0.662 |
| 木材加工和木、竹、藤、棕、草制品业 | 0.791 | 1.039 | 1.237 | 0.639 | 0.822 |
| 家具制造业 | 0.791 | 1.037 | 1.170 | 0.676 | 0.820 |
| 造纸和纸制品业 | 0.751 | 1.038 | 1.042 | 0.721 | 0.780 |
| 印刷和记录媒介复制业 | 0.700 | 1.003 | 0.795 | 0.881 | 0.702 |
| 文教、工美、体育和娱乐用品制造业 | 0.661 | 0.928 | 0.602 | 1.098 | 0.613 |
| 石油加工、炼焦和核燃料加工业 | 0.621 | 1.144 | 0.630 | 0.986 | 0.711 |
| 化学原料和化学制品制造业 | 0.707 | 1.059 | 0.704 | 1.005 | 0.749 |
| 医药制造业 | 0.590 | 1.060 | 0.623 | 0.947 | 0.625 |
| 化学纤维制造业 | 0.748 | 0.968 | 0.729 | 1.026 | 0.724 |
| 橡胶和塑料制品业 | 0.811 | 0.900 | 0.798 | 1.016 | 0.730 |
| 非金属矿物制品业 | 0.524 | 1.040 | 1.000 | 0.524 | 0.545 |
| 黑色金属冶炼和压延加工业 | 0.564 | 1.070 | 0.963 | 0.586 | 0.604 |
| 有色金属冶炼和压延加工业 | 0.599 | 1.043 | 0.887 | 0.676 | 0.625 |
| 金属制品业 | 0.691 | 1.107 | 0.905 | 0.763 | 0.764 |
| 通用设备制造业 | 0.766 | 1.092 | 0.881 | 0.870 | 0.837 |
| 专用设备制造业 | 0.839 | 1.049 | 0.890 | 0.943 | 0.881 |
| 交通运输设备制造业 | 1.592 | 1.069 | 1.248 | 1.276 | 1.701 |
| 电气机械和器材制造业 | 0.787 | 0.949 | 1.532 | 0.513 | 0.746 |
| 计算机、通信和其他电子设备制造业 | 1.054 | 0.902 | 1.670 | 0.631 | 0.950 |
| 仪器仪表制造业 | 1.296 | 0.866 | 1.635 | 0.793 | 1.122 |
| 其他制造业 | 1.415 | 0.855 | 1.664 | 0.850 | 1.210 |
| Mean | 0.790 | 0.993 | 1.018 | 0.776 | 0.784 |

# B. 生产性服务贸易进口技术复杂度与制造业转型升级研究

**摘要**：本文以我国制造业 28 个产业部门为研究对象，首先采用 VAR 模型实证分析，发现生产性服务贸易进口技术复杂度对制造产业转型有正向影响，方差分解显示，随着生产性服务贸易进口技术复杂度的提升，对制造产业转型的贡献度逐渐增大。其次采用系统 GMM 模型实证分析，结果表明生产性服务进口技术复杂度与制造产业升级显著负相关，其中与货物有关的服务、知识产权使用费、通信、计算机和信息服务、其他商业服务的进口技术复杂度与制造产业升级负相关，而运输服务和金融服务的进口技术复杂度与制造产业升级正相关。最后基于实证结果提出针对我国制造业转型升级的政策建议。

**关键词**：生产性服务贸易；技术复杂度；转型升级

## Research on Import Technology Complexity of Productive Service Trade and Manufacturing Industry Transformation and Upgrading

**Abstract**：In this paper we take 28 sectors of China's manufacturing industry as the research object, firstly conduct an empirical analysis with the VAR model, find that the technology complexity of productive service trade has a positive impact on manufacturing industry transformation, variance decomposition shows that with the increase of import technology complexity of productive service trade, the contribution to manufacturing industry transformation is gradually increasing. Secondly we conduct an empirical analysis with the System GMM model, the results show that the import technology complexity of productive service trade has a negative impact on manufacturing industry upgrading, which the import technology complexities of the good-related services、charges for the use of intellectual property、telecommunication, computer and information services and other business services have a negative impact on manufacturing industry upgrading, and the import technology complexities of transport and finance services have a positive impact on manufacturing upgrading. At last we put forward policy recommendations for China's manufacturing industry transformation and upgrading based on the empirical results.

**Keys Words**：Productive Service Trade；Technology Complexity；Transformation and Upgrading

## 一、引言

20 世纪 80 年代以来，我国凭借劳动力成本优势、土地成本优势、环境规制成本优势等，承接发达经济体产业和产品生产环节的国际转移，融入全球分工体系，快速发展成世界制造大国。随着科技革命和产业革命的悄然兴起，各发达国家和地区相继推出以智能、绿色、服务、高端为目标的制造业转型升级计划，如美国的"再工业化"战略、德国的"工业 4.0"战略等。同时，新兴国家也不甘落后，如印度推出"印度制造"系列新政，积极融入全球分工体系，承接产业和资金转移。近年来，我国经济进入新常态的特征更加明显，制造业发展面临着环境、资源约束，以及发达国家"高端回流"和发展中国家"中低端分流"的两端挤压。为了重塑制造业竞争优势，我国实施"中国制造 2025"战略，推进制造业转型升级，为新常态下制造业的发展开辟道路。

制造业转型升级的一个主要特征是由工业型制造向服务型制造转变，生产性服务业与制造业的融合趋势增强。生产性服务业可以有效优化制造业的资源配置效率、提升制造业生产迂回程度；生产性服务的技术水平和技术结构直接影响制造业的生产效率、技术水平及产品质量等。我国的生产性服务业发展相对滞后，严重制约了制造业转型升级的推进。在开放经济条件下，从发达国家进口生产性服务是满足制造业需求的有效途径之一。进口生产性服务在满足制造业需求的同时，也会对我国生产性服务业造成冲击，所以有必要研究其对制造业转型升级的具体效应。生产性服务的技术含量是影响制造业转型升级的关键，然而进口总量无法衡量生产性服务的技术结构和技术水平，所以本文从质的角度分析我国生产性服务贸易的进口结构，以及生产性服务贸易进口质量对我国制造业转型升级的影响。

## 二、文献综述

转型升级的概念最早由 Gereffi（1999）提出，是指企业迈向更具获利能力的技术密集和资本密集领域的过程。Hunphery 和 Schmitz（2000）认为，升级是企业获得技术能力和市场能力的过程，并且从全球价值链的角度明确了四种升级模式，即生产过程升级、产品升级、功能升级和跨产业升级。马鹏和肖宇（2014）重新诠释了产业转型升级的基本逻辑，认为转型升级是从单纯强调高技术产业向优势产业组合转变。曾繁华等（2015）从全球价值链视角研究创新驱动制造业转型的机理和演化路径，认为创新驱动制造业转型升级的本质为提升制造企业的科技创新能力，推动我国制造业价值链向高端环节延伸。Aaditya 等（2008）认为，服务贸易可以从多个方面影响经济发展和产业结构，并且可以加快产业结构升级进程。Markusen（2005）研究发现，生产性服务进口增加了进口国服务的数量和种类，使企业获得低成本、高效率的生产性服务要素投入。邓晶和张文倩（2015）从全球价值链的角度分析，发现发展中国家的生产性服务贸易自由化可以促进东道国制造业升级。

许多学者分别从制造业生产效率、创新能力、全要素生产率以及技术进步的角度，研究生产性服务贸易对制造业转型升级的作用。付晓丹（2012）把制造业升级分为创新能力和生产效率两个维度，实证表明生产性服务贸易可以有效促进我国制造业生产效率的提高，但对创新能力的促进作用不明显。李慧娟和蔡伟宏（2016）利用40个国家或地区的跨国面板数据实证表明，生产性服务进口对各国制造业自主创新效率的提升具有显著促进作用，并且对发达国家的促进作用大于发展中国家。刘继森和林培斌（2016）基于世界投入产出表的时间序列数据考察生产性服务进口对提升中国制造业生产效率的影响，研究发现生产性服务进口对我国制造业生产效率有显著促进作用，从质的角度，生产性服务进口技术复杂度是提升制造业生产效率的重要驱动力。邱爱莲等（2016）分别研究跨境贸易和商业存在两种类型的生产性服务进口贸易对制造业全要素生产率的影响，实证表明两种类型都可以通过改进制造业的技术效率来提升全要素生产率，跨境贸易的作用比商业存在大。陈启斐和刘志彪（2014）构建生产性服务进口的多边模型分析发现，只有当母国制造业生产率达到一定的阈值之后，生产性服务进口才能促进制造业的技术进步。进一步研究发现，生产性服务进口可以显著提高我国制造业的技术进步。

以生产性服务进口技术复杂度为研究对象的文献，主要是研究其对东道国经济增长和制造业竞争力的影响。杨玲和徐舒婷（2015）选取40个具有代表性的国家实证结果表明，生产性服务进口复杂度能够显著拉动进口国经济增长。莫沙和周晓明（2015）利用28个国家的跨国面板数据实证分析发现，与整体制造业相比，生产性服务进口复杂度对技术密集型制造业国际竞争力的促进作用较大；不同类型的生产性服务进口复杂度对不同类型国家的制造业竞争力的影响存在差异。

制造业转型升级包括产业间转型和产业内升级两方面，转型的结果可能是升级，也可能不是升级（赵昌文和许召元，2013），所以本文分别从产业间转型和产业内升级两个角度，以进口技术复杂度来衡量生产性服务进口质量，分析其对制造转型升级的影响。本文余下部分内容安排如下：第三部分测度我国生产性服务贸易进口技术复杂度，分析生产性服务进口结构。第四部分利用制造产业结构水平指标衡量产业间转型，分析生产性服务贸易进口技术复杂度对产业结构水平的脉冲响应和方差分解。第五部分利用 28 个制造产业的数据构建动态面板，实证分析生产性服务贸易进口技术复杂度对制造产业升级的影响。第六部分基于实证分析得出的主要结论提出相关政策建议。

### 三、生产性服务贸易进口技术复杂度测算

Hausmann 等（2005）构建了衡量出口商品技术水平的 PRODY 指数和衡量一国总体出口商品技术水平的 EXPY 指数。Cui 和 Syed（2007）运用 PRODY 和 EXPY 指数研究中国的进口和出口商品结构，发现进口和出口复杂度都提高了，并且进口高于出口。现有文献多采用产品的出口复杂度来间接衡量进口复杂度（陈健，2013；戴翔，2013），本文采用戴翔（2013）构建的服务贸易分行业进口复杂度指标（Import Technical Sophistication），衡量一国的生产性服务贸易进口复杂度（TS）。计算公式如下：

$$ITS_k = \sum_j \frac{x_{jk}/X_j}{\sum_j x_{jk}/X_j} Y_j \qquad （附1）$$

式中，$ITS_k$ 表示 k 服务的出口技术复杂度，$x_{jk}$ 表示 j 国 k 服务的出口，$X_j$ 表示 j 国生产性服务出口总额，$Y_j$ 表示 j 国人均 GDP。

在计算出生产性服务贸易各分行业的出口技术复杂度后，可以进一步计

算得到一国生产性服务进口技术复杂度（TS）。计算公式如下：

$$TS_j = \sum_k \frac{m_{jk}}{M_j} ITS_k \qquad\qquad\qquad (附2)$$

式中，$TS_j$ 表示 j 国生产性服务进口技术复杂度，$m_{jk}$ 表示 j 国 k 服务的进口，$M_j$ 表示 j 国生产性服务进口总额。

利用式（1）和式（2）可以测算出世界各生产性服务部门的进口技术复杂度和一国生产性服务贸易进口技术复杂度。根据联合国贸发会议对服务贸易的分类方式，生产性服务贸易包括与货物有关的服务、运输服务、金融服务、知识产权使用费、通信、计算机和信息服务以及其他商业服务。

根据式（1）计算世界各生产性服务贸易部门的进口技术复杂度（ITS）。在计算 ITS 指数时，本文选取了世界服务贸易排名前 40 的国家，2016 年这40 个国家的生产性服务贸易出口总额达到世界出口总额的 90%，可以代表世界生产性服务贸易的技术复杂度。如附表 11 所示，金融服务、知识产权使用费等新兴生产性服务部门的技术复杂度较高，与货物有关的服务、运输服务等传统生产性服务部门的技术复杂度相对较低。各生产性服务部门的进口技术复杂度变化趋势大致相同，2008 年以前稳步增加，2008 年和 2009 年大幅度下降，2010 年以后各部门总体又呈现增长趋势。技术复杂度的波动程度与生产性服务出口数量相比相对稳定。ITS 并不能准确衡量各服务部门技术复杂度的具体值，主要作用为比较各服务部门技术复杂度的高低。

附表 11　2005~2016 年世界各生产性服务部门的技术复杂度

| 年份 | 与货物有关的服务 | 运输服务 | 金融服务 | 知识产权使用费 | 通信计算机和信息服务 | 其他商业服务 |
|---|---|---|---|---|---|---|
| 2005 | 17662.02 | 24974.32 | 45107.75 | 37358.88 | 23000.93 | 21848.92 |
| 2006 | 24745.12 | 26267.9 | 46768.63 | 39047.63 | 24151.04 | 23478.63 |
| 2007 | 26609.39 | 26785.8 | 47844.61 | 39185.99 | 24271 | 24600.97 |

| 年份 | 与货物有关的服务 | 运输服务 | 金融服务 | 知识产权使用费 | 通信计算机和信息服务 | 其他商业服务 |
|------|------|------|------|------|------|------|
| 2008 | 26777.38 | 26797.76 | 45624.52 | 38481.24 | 28925.6 | 27375.31 |
| 2009 | 25288.07 | 26038.92 | 41848.71 | 36815.28 | 27791.47 | 26191.79 |
| 2010 | 23397.21 | 26875.69 | 42819.08 | 38672.05 | 28982.32 | 27534.97 |
| 2011 | 24472.07 | 27895.38 | 45491.4 | 38659.66 | 29062.31 | 27149.8 |
| 2012 | 24251.28 | 27694.1 | 44623.98 | 38907.6 | 29275.48 | 27247.81 |
| 2013 | 24786.34 | 28543.79 | 44855.32 | 31761.79 | 29888.96 | 27445.21 |
| 2014 | 24685.43 | 28314.7 | 46218.08 | 38685.33 | 30847.27 | 28134.11 |
| 2015 | 24636.4 | 28110.01 | 45946.33 | 38876.78 | 32236.2 | 28797.93 |
| 2016 | 24700.73 | 28688.63 | 45994.5 | 40100.97 | 32740.88 | 29066.61 |

资料来源：根据联合国贸发会议数据整理所得。

在计算出世界各生产性服务部门的技术复杂度后，根据式（2）进一步计算我国生产性服务贸易各部门和总体的进口技术复杂度，如附图1和附图2所示。2005~2016年，在我国进口的不同类型生产性服务中，运输服务的技术

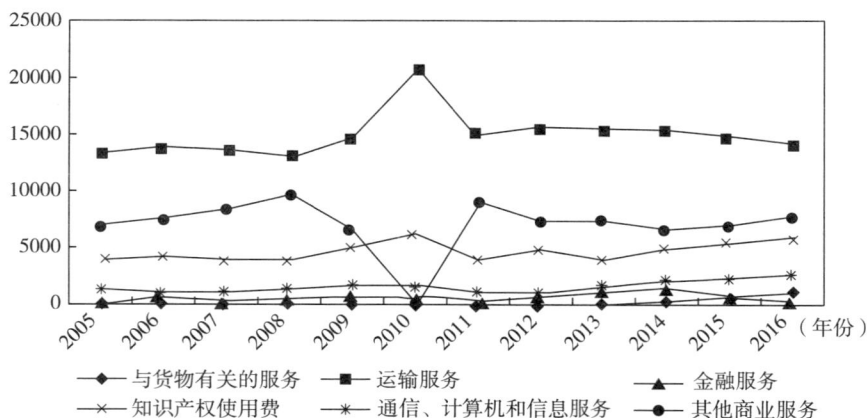

**附图1 我国不同类别生产性服务进口技术复杂度**

资料来源：根据联合国贸发会议数据整理所得。

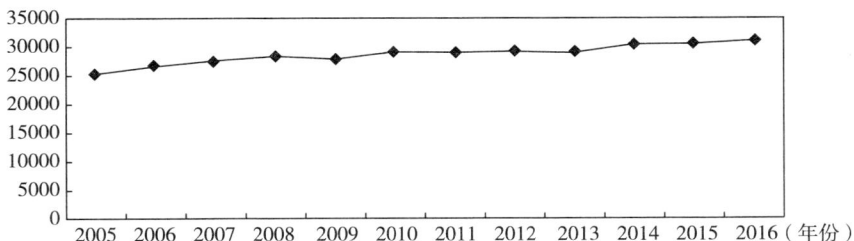

**附图 2 我国生产性服务贸易进口技术复杂度**

资料来源：根据联合国贸发会议数据整理所得。

复杂度最高，与货物有关的服务技术复杂度最低。知识产权使用费与通信、计算机和信息服务的技术复杂度显著提升，运输服务和金融服务略有波动，但整体变动趋势不明显，技术、知识密集型产品在我国生产性服务进口结构中的比重增加。

2005～2016 年，我国生产性服务贸易进口技术复杂度稳步提升，年均增长率达到 1.87%。生产性服务进口的技术结构和技术水平都明显优化，为我国制造业转型升级奠定了基础。

### 四、生产性服务贸易进口技术复杂度对制造产业转型的脉冲响应分析

本文分别从产业间转型和产业内升级两个角度，研究生产性服务贸易进口技术复杂度对我国制造业转型升级的影响，首先分析对制造产业转型的作用。根据国家统计局《国民经济行业分类与代码》对制造产业的分类标准，把制造业分为 28 个产业①。

———————————

① 包括农副食品加工业，食品制造业，酒、饮料和精制茶制造业，烟草制造业，纺织业，纺织服装服饰业，皮革、皮毛、羽毛及其制品和制鞋业，木材加工和木、藤、棕、草制品业，家具制造业，造纸和纸制品业，印刷和记录媒介复制业，文教、工美、体育和娱乐用品制造业，石油、煤炭及其他燃料加工业，化学原料和化学原料制造业，医药制造业，化学纤维制造业，橡胶和塑料制造业，非金属矿物制造业，黑色金属冶炼和压延加工业，有色金属冶炼和压延加工业，金属制品业，通用设备制造业，专用设备制造业，交通运输设备制造业，电气机械和器材制造业，计算机、通信和其他电子设备制造业，仪器仪表制造业以及其他制造业。

（一）模型设定和变量选取

1. 变量选取

Peneder（2002）认为，不同产业部门的生产率和生产率增长速度存在差异，投入要素从低生产率或低生产率增长速度的部门向高生产率或高生产率增长速度的部门流动过程产生的"结构红利"，促进了经济快速增长，所以选取制造业结构水平指标来测度制造产业转型。本文对于周昌林和魏建良（2007）提出的产业结构水平指标做了改进，来衡量我国制造业结构水平。周昌林和魏建良提出的产业结构水平指标计算公式如下：

$$H = \sum_i K_i \sqrt{\frac{P_i}{l_i}} \qquad\qquad （附3）$$

式中，H 为产业结构水平；$K_i$ 为 i 产业产值在 GDP 中的比重；$P_i$ 为 i 产业产值；$l_i$ 为 i 产业的劳动投入；$\frac{P_i}{l_i}$ 为劳动生产率，是产业水平的集中体现，为了提高产业水平对劳动生产率变化的敏感性，对劳动生产率开方。

考虑到资本报酬率也是制造产业水平的集中体现，所以在原公式中加入资本报酬率。由于数据的可得性，以产成品为权重[①]，$P_i$ 也由 28 个制造产业的产成品来替代。修正后的公式如下：

$$H = \sum_i M_i \sqrt{\frac{P_i}{l_i}} \sqrt{\frac{\pi_i}{k_i}} \qquad\qquad （附4）$$

式中，H 为制造业结构水平；$M_i$ 为 i 产业的权重；$\sqrt{\frac{P_i}{l_i}}$ 为 i 制造产业的劳动生产率；$\sqrt{\frac{\pi_i}{k_i}}$ 为 i 制造产业的资本报酬率；$\pi_i$ 为 i 制造产业的利润总额；

---

① 分别根据 2012 年的投入产出表和产成品分析制造产业结构，结果显示，以产出和产成品核算的结构差别不大。例如，家具制造业的比重都为 0.76%；纺织业的比重为 4.50% 和 4.49%；金属制品业的比重为 3.96% 和 3.69%；交通运输设备制造业的比重为 7.95% 和 7.71%。所以，可以用产成品替代产出计算各制造产业的权重。

$k_i$ 为 i 制造产业的固定资本投入。

2. 模型设定

根据式（4）计算出 2006～2015 年我国制造业结构水平（H），以及上文测算的我国生产性服务贸易进口技术复杂度（TS），创建向量自回归（VAR）模型。首先采用 ADF 方法检验变量的平稳性，检验结果表明 TS 在 5% 的显著水平上为平稳序列，H 在 10% 的显著水平上为平稳序列。平稳性检验结果表明两个变量的序列都是平稳性的，满足协整检验的前提条件。对序列 H 和序列 TS 进行 Johansen 协整检验，检验结果显示在 5% 的显著水平下至少存在一个协整方程。由此可以判定制造业结构水平与生产性服务贸易进口技术复杂度之间存在长期均衡关系。如果 VAR 模型所有特征根模的倒数小于 1，则模型是稳定的。如附图 3 所示，模型所有特征根模的倒数都在单位圆内，可知模型是稳定的可以进行脉冲响应分析。

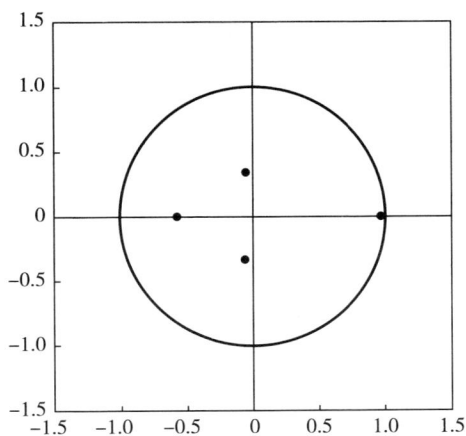

附图 3　VAR 模型单位根模的倒数

（二）脉冲响应

利用脉冲响应函数分析生产性服务贸易进口技术复杂度对制造业结构水

平的动态影响，结果如附图 4 所示。纵轴代表冲击响应大小，横轴代表滞后期。由附图 4 可知，TS 的一个标准差新息的冲击对于 H 的影响为正，H 对于 TS 的冲击反应从 0 开始，在第二期达到最大值，随后冲击反应下降并逐渐平稳。

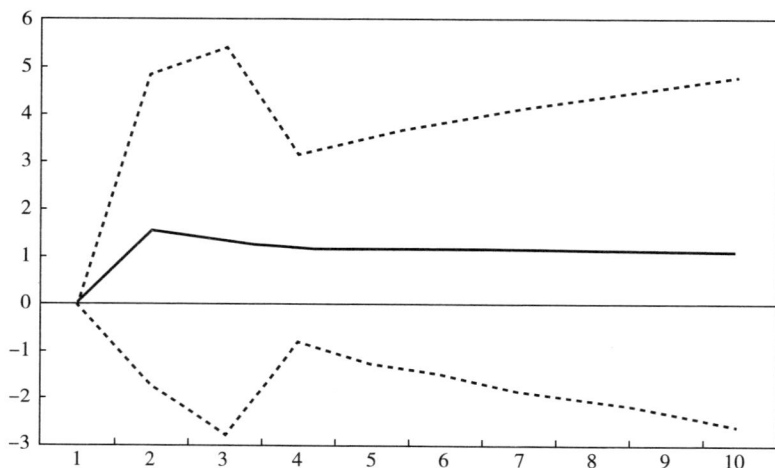

附图 4　H 对 TS 的脉冲响应

（三）方差分解

下面运用方差分解法来考察生产性服务贸易进口技术复杂度对制造业结构水平影响的重要程度。方差分解的结果如附表 12 所示，生产性服务贸易进口技术复杂度对制造业结构水平的预测方差分解的贡献度逐渐增大，在第 10 期达到 21.13%。此分析结果刻画了，生产性服务贸易进口技术复杂度提升可以有效优化我国制造业结构。

附表 12　TS 对 H 的预测方差分解

| 周期 | S. E. | H | TS |
|---|---|---|---|
| 1 | 6.966595 | 100.0000 | 0.000000 |

| 周期 | S. E. | H | TS |
|---|---|---|---|
| 2 | 7. 133375 | 95. 38369 | 4. 616314 |
| 3 | 7. 273677 | 92. 29213 | 7. 707875 |
| 4 | 7. 382522 | 89. 99679 | 10. 00321 |
| 5 | 7. 482268 | 87. 82706 | 12. 17294 |
| 6 | 7. 579664 | 85. 72647 | 14. 27353 |
| 7 | 7. 671132 | 83. 81861 | 16. 18139 |
| 8 | 7. 760190 | 82. 04654 | 17. 95346 |
| 9 | 7. 845226 | 80. 40169 | 19. 59831 |
| 10 | 7. 927316 | 78. 86658 | 21. 13342 |

## 五、生产性服务进口技术复杂度与制造产业升级的实证分析

（一）变量选取

1. 被解释变量

制造业转型升级的过程就是生产要素向生产效率更高、附加值更高的产业转移的过程，产业内升级是指提高生产效率和产品质量，掌握核心生产环节，增长方式由粗放型向集约型转变。制造业增加值率从整体上反映了制造业投入产出效益，同时体现了制造业增长的质量和效率，所以本文用增加值率（Y）来量化制造产业升级程度。

2. 核心解释变量

选取上文测算的我国生产性服务进口技术复杂度（TS）作为核心解释变量，实证分析生产性服务进口技术复杂度对制造产业升级的影响。

3. 其他控制变量

由于经济增长具有路径依赖，所以在解释变量中加入被解释变量的两期滞后项，其他控制变量分别为固定资本投资、劳动投入、研发创新能力、产

业开放程度以及政策因素。

（1）固定资本和劳动要素是开展生产活动的基础，大规模投资和充足、低成本劳动力是我国发展成为制造业大国的主要原因。随着我国人口红利、土地红利以及环境规制低成本等传统优势的逐渐消失，虽然投资和劳动力投入仍然是制造业增长的主要动力，但对质量增长和效率提升的助力不足。本文用固定资产投资（K）和就业人员数（L）衡量各制造产业的固定资本和劳动投入，单位分别是亿元和万人。

（2）在全球范围内，国家和企业越来越重视研发创新能力。制造企业的研发创新能力决定其生产技术和产品质量，决定了企业的核心竞争力，是推进产业结构优化和升级的重要因素之一。研发创新能力的提高依赖国家和企业的研发投入，本文用规模以上制造企业的研发投入（A）来度量制造产业的研发创新水平，单位是亿元。

（3）随着我国经济发展与科技进步，越来越多的外资企业来华投资，产业开放度逐渐扩大。外资对我国制造产业升级的作用主要体现在两方面：一是外资企业不仅带来了资金支持而且引进了先进技术，同时可以促进市场竞争，激励本国制造企业技术创新；二是外资企业抑制本土企业的发展，挤占本土企业市场，同时可能挖走本土企业中的高技术人员。本文用规模以上制造企业外商资产所占比重（IO）度量产业开放度。

（4）除生产、技术因素外，政策因素在制造业发展中的作用也是至关重要的。政策因素的影响主要体现在：一方面，政策支持可以促进制造企业发展，如技术、资金支持等；另一方面政策扶持会降低市场竞争力，制约企业的研发创新活力。本文用规模以上制造企业国有控股资产比重（SO）度量政策因素。

（二）数据来源及其说明

由于数据可获得性和连续性，本文将样本区间设定在 2006~2016 年。制造产业增加值率的数据来自国家统计局统计数据，生产性服务贸易进口技术复杂度根据联合国贸发会议数据测算，固定资产投资、就业人员数、研发投入、外商资产所占比重以及国有控股资产比重的数据根据国家统计局统计数据测算。2009 年以前研发投入占主营业务收入不足 1% 的制造企业没有研发投入数据，缺失的数据按均值法补齐（见附表 13）。

附表 13　变量的统计特征描述

| 解释变量 | 样本数 | 平均值 | 标准差 | 最小值 | 最大值 |
|---|---|---|---|---|---|
| TS | 308 | 28895.65 | 1223.52 | 26687.48 | 30924.11 |
| K | 308 | 3548.14 | 3550.67 | 115.09 | 16747.63 |
| L | 308 | 149.07 | 120.70 | 17.40 | 750.60 |
| A | 308 | 214.69 | 297.45 | 4.34 | 1830.90 |
| IO | 308 | 0.30 | 0.14 | 0.01 | 0.73 |
| SO | 308 | 0.23 | 0.23 | 0.01 | 0.99 |

（三）模型设定

本文设定的计量模型如下：

$$Y_{it} = \beta_0 + \beta_1 Y_{i,t-1} + \beta_2 Y_{i,t-2} + \beta_3 TS_t + \beta_4 K_{it} + \beta_5 L_{it} + \beta_6 A_{it} + + \beta_7 IO_{it} + \beta_8 SO_{it} + \mu_i +$$

$$\sigma_t + \xi_{it} \tag{附5}$$

式中，$i$ 表示产业；$t$ 表示年份；$Y_{it}$ 表示制造产业增加值率；$Y_{i,t-1}$ 和 $Y_{i,t-2}$ 分别表示制造产业增加值率的一期和两期滞后项；$TS_t$ 表示生产性服务进口技术复杂度；$K_{it}$ 表示固定资产投资；$L_{it}$ 表示劳动力投入；$A_{it}$ 表示研发投入；$IO_{it}$ 表示产业开放度；$SO_{it}$ 表示政策因素；$\mu_i$ 表示无法观测到的产业固定效应；$\sigma_t$ 表示不随时间变化的固定效应；$\xi_{it}$ 是随机误差项。

（四）实证结果分析

在数据分析和模型设定的基础上，对影响制造产业升级的各种因素进行计量检验，重点分析生产性服务贸易进口技术复杂度的影响。为了分析不同生产性服务部门技术复杂度的差异性，进一步将不同类型生产性服务贸易进口技术复杂度作为核心解释变量，分析其对制造产业升级影响。

1. 生产性服务贸易总体进口技术复杂度对制造产业升级的影响

计量模型中的解释变量包含被解释变量的两期滞后项，为动态面板模型，为了解决内生性的问题，采用两步系统 GMM 回归方法进行估计，结果如附表 14 所示。从实证结果可以看出，TS 均在 1% 的水平上显著。Arellano-Bond 检验的结果显示，6 个估计模型均通过检验，接受"扰动项无自相关的"原假设。6 个估计模型都通过了 Sargan 检验，接受"所有工具变量都有效"的原假设。

附表 14  生产性服务贸易总体进口技术复杂度对制造产业升级的影响

| 变量 | 制造产业增加值率 | | | | | |
|---|---|---|---|---|---|---|
| | （1） | （2） | （3） | （4） | （5） | （6） |
| L1. Y | 0.1486*** (18.75) | 0.0588*** (2.95) | 0.0507** (2.51) | 0.0899*** (4.18) | 0.0954*** (3.93) | 0.1133*** (3.71) |
| L2. Y | −0.2238*** (−25.84) | −0.2410*** (−15.12) | −0.2463*** (−16.70) | −0.2293*** (−8.64) | −0.1904*** (−6.34) | −0.1801*** (−4.87) |
| TS | −0.0025*** (−30.01) | −0.0016*** (−14.83) | −0.0016*** (−14.06) | −0.0020*** (−11.60) | −0.0010*** (−4.62) | −0.0011*** (−4.68) |
| K | | −0.0008*** (−7.54) | −0.0010*** (−7.65) | −0.0011*** (−10.13) | −0.0006*** (−3.75) | −0.0006*** (−3.97) |
| L | | | 0.0063*** (2.93) | −0.0288*** (−9.10) | −0.0271*** (−5.57) | −0.0276*** (−6.47) |
| A | | | | 0.0172*** (7.14) | 0.0105*** (2.87) | 0.0097*** (3.11) |
| IO | | | | | 26.5722*** (10.16) | 23.1736*** (7.68) |
| SO | | | | | | −9.9907 (−1.35) |

| 变量 | 制造产业增加值率 | | | | | |
|------|------|------|------|------|------|------|
| | （1） | （2） | （3） | （4） | （5） | （6） |
| CONS | 85.5592*** | 64.0403*** | 63.9148*** | 74.8936*** | 39.5189*** | 43.7805*** |
| | （33.84） | （19.17） | （17.92） | （14.36） | （4.99） | （5.68） |
| Wald 检验 | 1932.34 | 934.96 | 2533.64 | 1424.76 | 573.90 | 761.92 |
| | ［0.0000］ | ［0.0000］ | ［0.0000］ | ［0.0000］ | ［0.0000］ | ［0.0000］ |
| AR（2）检验 | 0.2527 | 0.2798 | 0.2410 | 0.5055 | 0.4578 | 0.6526 |
| Sargan | 0.9971 | 0.9970 | 0.9966 | 0.9970 | 0.9982 | 0.9985 |

注：*、**、***分别表示变量在10%、5%、1%的水平上显著；方括号内是系数的 z 统计量。下同。

分析系统 GMM 的回归结果可以得出以下主要结论：

第一，生产性服务贸易进口技术复杂度对制造产业升级有抑制作用，在 1%的水平上显著。附表14中模型（1）～模型（6）的估计结果表明，生产性服务贸易进口技术复杂度与制造产业升级显著负相关，并没有随着其他控制变量的加入而明显减弱，验证了这一结论的稳健性。生产性服务贸易进口技术复杂度提升对制造产业升级有显著抑制作用，主要是因为从发达国家进口只能暂时增加我国制造业中生产性服务的数量和种类，并不能从本质上提升制造产业的技术水平和创新研发能力。另外，由于我国生产性服务国际竞争力较弱，大量进口生产性服务对国内产业造成很大程度冲击，严重阻碍了制造产业升级。

第二，附表14中模型（2）～模型（6）的估计结果表明，固定资本投资和劳动投入对制造产业升级有负效应，均在 1%的水平上显著。依靠大规模固定资产投资和低成本劳动投入的粗放型增长方式，导致环境污染加剧、产能过剩、库存积压、贫富差距加大等一系列问题，与制造业可持续发展目标相悖，制约制造产业升级。

第三，附表14中模型（4）～模型（6）的估计结果表明，研发投入与制造产业升级正相关，在 1% 的水平上显著。增加研发投入有助于提升制造企业的研发创新能力，从而促进制造产业升级。世界各国和地区都把创新作为重要的发展战略，近年来我国研发投入经费不断上升，研发成果显著增加。我国研发投入强度虽然显著增强，但与发达国家仍有一定差距，制造企业作为产业发展的主体，自主研发创新能力较弱。在制造业转型升级进程中，需要进一步提高研发投入强度、增强企业自主研发创新能力。

第四，附表 14 中模型（5）～模型（6）的估计结果表明，产业开放度与制造产业升级正相关，在 1% 的水平上显著。外资企业进入我国市场虽然对本土企业的发展有一定的抑制作用，但总体来看对制造产业升级的影响是正向的。外资企业进入带来的技术溢出效应和竞争效应，可以激发东道国制造企业的研发创新能力。在我国制造企业研发创新能力较弱、技术水平较低的情况下，外资企业进入我国市场可以有效推进制造业转型升级。

第五，附表 14 中模型（6）的估计结果表明，政策因素与制造产业升级负相关，但不显著。在激烈的市场竞争环境下，制造企业为了提升竞争力，必须不断增强研发创新能力、提高生产技术水平以及产品质量等，从而推进制造产业升级。国有控股企业更容易获得政策、资金等方面扶持，但在垄断的环境下抑制了企业获得核心竞争力的动力。在制造产业升级的进程中，应当明确市场的主导地位。由于目前影响制造产业升级的主要还是与生产有关的因素，所以国有控股资产比重提高抑制制造产业升级，但影响不显著。

2. 不同类型生产性服务贸易进口技术复杂度对制造产业升级的影响

在控制了其他变量后，在计量模型中分别加入核心解释变量：与货物有关的服务（G-R）、运输服务（Trans）、金融服务（Fin）、知识产权使用费（CIP）、通信计算机和信息服务（TCI）以及其他商业服务（OB）的进口技术复杂度，附表 15 中为模型（7）～模型（12）的估计结果。模型（7）～模型（12）的 Arellano-Bond 检验的结果显示 6 个估计模型均通过检验，接受

"扰动项无自相关的"原假设。6 个估计模型都通过了 Sargan 检验，接受"所有工具变量都有效"的原假设。

附表 15　不同类型生产性服务贸易进口技术复杂度对制造产业升级的影响

| 变量 | 制造产业增加值率 | | | | | |
|------|------|------|------|------|------|------|
| | （7） | （8） | （9） | （10） | （11） | （12） |
| L1. Y | 0.0801** | 0.3129*** | 0.1831*** | 0.1026* | −0.0973*** | 0.3188*** |
| | （2.31） | （7.55） | （5.57） | （1.78） | （−3.18） | （6.87） |
| L2. Y | −0.1870*** | −0.0288 | −0.0912*** | −0.1107*** | −0.1904*** | −0.0663** |
| | （−7.37） | （−1.43） | （−3.54） | （−3.18） | （−7.62） | （−2.91） |
| G_R | −0.0147*** | | | | | |
| | （−19.85） | | | | | |
| TRANS | | 0.0006*** | | | | |
| | | （20.16） | | | | |
| FIN | | | 0.0010*** | | | |
| | | | （2.90） | | | |
| CIP | | | | −0.0004** | | |
| | | | | （−2.18） | | |
| TCI | | | | | −0.0044*** | |
| | | | | | （−31.83） | |
| OB | | | | | | −0.0004*** |
| | | | | | | （−9.70） |
| K | −0.008*** | −0.0005*** | −0.0008*** | −0.0008*** | −0.0012*** | −0.004** |
| | （−4.56） | （−2.92） | （−5.45） | （−4.20） | （−9.67） | （−2.37） |
| L | −0.0361*** | −0.0203*** | −0.0225*** | −0.0246*** | −0.0332*** | −0.0203*** |
| | （−6.58） | （−5.17） | （−6.60） | （−5.88） | （−9.51） | （−6.32） |
| A | 0.0158*** | 0.0069*** | 0.0093*** | 0.0082** | 0.0158*** | 0.0065*** |
| | （7.76） | （3.43） | （3.67） | （2.34） | （7.50） | （2.86） |
| IO | 18.6688*** | 20.0988*** | 30.8395*** | 29.9892*** | 7.8451 | 26.6322*** |
| | （3.43） | （3.86） | （6.88） | （7.99） | （1.49） | （10.32） |
| SO | −9.8655 | −9.8359* | −1.8546 | −3.8272 | −10.2661* | −6.5560 |
| | （−1.30） | （−1.73） | （−0.50） | （−0.47） | （−1.67） | （−1.16） |

续表

| 变量 | 制造产业增加值率 | | | | | |
|---|---|---|---|---|---|---|
| | （7） | （8） | （9） | （10） | （11） | （12） |
| Constant | 15.2725 *** <br> （6.32） | -3.0764 * <br> （-1.80） | 5.0369 *** <br> （2.83） | 10.1551 *** <br> （3.98） | 27.5920 *** <br> （13.00） | 7.4220 *** <br> （6.18） |
| Wald 检验 | 3498.08 <br> ［0.0000］ | 1380.19 <br> ［0.0000］ | 439.27 <br> ［0.0000］ | 572.54 <br> ［0.0000］ | 2293.83 <br> ［0.0000］ | 1311.81 <br> ［0.0000］ |
| AR（2）检验 | 0.5569 | 0.8638 | 0.9916 | 0.9382 | 0.4590 | 0.8236 |
| Sargan | 0.9989 | 0.9992 | 0.9981 | 0.9979 | 0.9998 | 0.9986 |

分析系统 GMM 估计结果可以得出以下结论：

第一，附表 15 中模型（7）的回归结果显示，与货物有关的服务的进口技术复杂度与制造产业升级负相关，在 1% 的水平上显著。与货物有关的服务包括主要加工贸易服务、维修服务等。加工贸易是我国对外贸易的重要组成部分，虽然在国际金融危机以后比重有所下降，但仍在 30% 以上。开展加工贸易可以促进我国制造业发展、优化制造业结构以及提升制造产品质量。进口加工贸易服务减少了对我国本土生产性服务的需求，阻碍制造业向高层次发展。跨国公司所需的维修保养服务一般是由母国供给，母国提供维修与保养服务的过程形成进口。与维修保养服务有关的制造产业属于技术密集型产业，进口维修保养服务抑制了我国相关服务业和制造业的发展，进而抑制制造产业升级。

第二，附表 15 中模型（8）的回归结果显示，运输服务的进口技术复杂度与制造产业升级正相关，在 1% 的水平上显著。运输服务与货物贸易密切相关，货物贸易往往可以带动运输服务的发展。运输服务是我国服务贸易的主要逆差部门，运输服务的国际竞争力较弱，与我国货物贸易第一大国的地位不匹配。随着科学技术的快速发展，运输服务由劳动密集型向资本、技术密集型转变，与运输服务业关系最密切的交通运输设备制造业同时属于技术、资本和劳动密集型产业。进口运输服务一方面可以满足制造产业对高质量运输服务的需要，推进制造产业升级；另一方面通过技术溢出效应和竞争效应等可以增强我国运输服务业的竞争力，间接促进相关制造产业的发展。

第三，附表 15 中模型（9）的回归结果显示，金融服务的进口技术复杂度与制造产业升级正相关，在 1% 的水平上显著。我国金融体系垄断程度较高，资源错配问题严重，中小企业融资困难，进口金融服务可以为中小企业在规模扩张和技术创新过程中提供金融支持。金融服务需要高新技术产业的支持，如通信计算机和信息服务，进口金融服务可以带动东道国相关服务业的发展。同时金融服务具有知识密集型产业的特征，通过知识、技术外溢促进东道国金融服务业的发展。所以，进口金融服务可以直接或间接地促进制造企业和产业升级。

第四，附表 15 中模型（10）的回归结果显示，知识产权使用费的进口技术复杂度与制造产业升级负相关，在 5% 的水平上显著。2016 年，我国知识产权受理发明专利申请连续六年居世界首位，企业的自主创新能力增强，企业占国内发明专利申请和授权的比例均超 60%，发明专利实现量质齐升，但是技术水平并不高。在部分领域专利布局和海外专利申请方面与国外仍有差距，国外专利使用量在我国的比重仍然很高，我国知识产权使用费处于逆差状态，逆差额持续增长。同时，高校作为科研创新的重要部门，专利技术转化为现实生产力的能力不容乐观。调查显示，每年高校的专利技术转化为现实生产力的比重不超过 10%。提升制造产业的研发创新能力，不仅仅要扩大专利发明数量，更重要的是提升专利技术转化为现实生产力的效率。由于专利技术转化为现实生产力的效率较低，我国制造企业使用国外专利满足需求的同时会形成依赖，减弱研发创新的积极性，不利于企业生产和产业升级。

第五，附表 15 中模型（11）的估计结果表明，通信计算机和信息服务的进口技术复杂度与制造产业升级负相关，在 1% 的水平上显著。2005~2016

年，我国通信、计算机和信息服务处于顺差状态，顺差额持续增长。我国通信、计算机和信息服务具有国际竞争优势，在一定程度上抑制了同类产品的进口，制造业生产中所需通信计算机和信息服务由国内服务企业提供，对制造产业升级的促进作用更加显著。进口通信计算机和信息服务会挤占国内市场，抑制国内通信计算机和信息服务业的发展，同时降低制造业中间投入产品的质量，抑制制造产业升级。

## 六、相关政策建议

（一）根据制造业发展需求进口生产性服务，并考虑不同类型生产性服务的差异性

我国生产性服务企业产品技术含量较低，对制造业发展的助力不足，制约了制造业转型升级。随着全球化进程的不断加深，可以充分利用各国生产性服务的比较优势，满足我国制造业发展和转型需求，但是不能依靠进口实现产业升级。自主创新能力、人力资本积累以及技术、知识密集型产业的发展水平等内部力量，是制造企业获得核心竞争力、实现产业升级的最有效途径。选择生产性服务类别时应充分考虑其差异性，与货物有关的服务、知识产权、通信、计算机和信息服务和其他商业服务由国内生产性服务企业提供，进口世界先进的运输服务和金融服务。根据不同部门影响的差异性合理引进生产性服务，在促进国内生产性服务业发展的同时，高效、快速地推进制造业转型升级。

（二）减少资源浪费和库存积压

我国制造业依靠大规模投资快速发展，由于资源配置不合理、生产技术不成熟以及供需不匹配等问题，导致严重的资源浪费和库存积压。制造业转型升级是走可持续发展道路，而不是一味地扩张生产规模。实证研究表明，固定资产投资抑制了制造业转型升级。制造业转型升级进程中要改变传统的

发展方式，优化生产技术减少环境污染、优化资源配置减少浪费以及平衡供需结构，减少库存积压。

（三）提升研发创新能力和加快人力资本积累

研发创新和人力资本是企业技术进步、获得竞争优势的重要因素。与发达国家先进制造业企业相比，我国制造业企业的研发创新能力和人力资本质量还有很大差距。实证结果显示，研发投入可以显著促进制造业转型升级，而劳动力投入对制造业转型升级有负向作用。虽然我国的研发投入水平大幅度提升，但技术水平与发达国家相比还有很大差距，尤其是企业的自主研发能力和现实生产力转化还有很大发展空间。我国拥有充足的低质量劳动力，但人力资本严重不足。随着我国劳动力红利逐渐消失，许多跨国企业把生产环节转移到劳动力成本更低的发展中国家，给我国制造业发展带来巨大冲击。加快人力资本的积累，是减少外部冲击对我国制造业的消极影响、推进转型升级的有效途径。

（四）加大引进外资力度

随着全球化水平和国际分工的加深，外资流入在弥补了我国制造业发展资金缺口的同时，引进外资的竞争效应和溢出效应，可以提升东道国制造业企业的生产技术水平、激励企业研发创新。实证分析表明，产业开放度与制造产业升级有显著正相关。调查显示，中国利用外资的技术溢出效应较低，有以下几方面原因：首先，外资企业的技术外溢效应与东道国企业的技术吸收能力有关，产业发展水平较低阻碍对外资企业技术外溢的吸收、模仿。其次，跨国公司基于竞争战略的考虑，可能把研发环节转移到国外，我国企业在与外资企业合作或开展业务时，获得的多数是标准化的技术，核心技术仍然掌握在外资企业手中。再次，外资企业的人力资本流动主要是从一个外资企业流向另一个外资企业，对我国国内企业产生的技术外溢效应不明显。最后，外资企业通过高薪资制度可能把国内企业的优秀人才吸引过去，人力资本流动带来负的技术溢出效应。制造业转型升级进程中，在加大引进外资力度的同时，应当提升外资企业的技术外溢效应，充分发挥外资对制造业发展的促进作用。

## 参考文献

［1］ Aaditya，Robert，Gianni. A Handbook of Trade in Services. ［M］. Oxford University Press，2008.

［2］ Gereffi G. International Trade and Industrial Upgrading in the Apparel Commodity Chain ［J］. Journal of International Economics，1999（48）：37-70.

［3］ Hausmann R，Hwang J，Rorik D. What You Exports Matters ［R］. NBER Working Paper，2005.

［4］ Humphery J，Schmitz H. Chain Governance and Upgrading：Taking Stock ［R］. Local Enterprises in the Global Economy：Issues of Governance and Upgrading，2004.

［5］ Markusen J, et al. Trade and Direct Investment in Producer Services and the Domestic Market for Expertise ［J］. Canadian Economics Association，2005（1）：758-777.

［6］陈启斐，刘志彪. 生产性服务进口对我国制造业技术进步的实证分析 ［J］. 数量经济技术经济研究，2014（3）：74-88.

［7］邓晶，张文倩. 生产性服务贸易自由化对制造业升级的影响——基于全球价值链视角 ［J］. 云南财经大学学报，2015（6）：45-49.

［8］符大海，鲁成浩. 服务业开放促进贸易方式转型——企业层面的理论和中国经验 ［J］. 中国工业经济，2021（7）：156-174.

［9］付晓丹. 生产性服务贸易对制造业升级的影响研究 ［J］. 统计与决策，2012（18）：140-142.

［10］匡增杰，窦大鹏，赵永辉．服务化转型提升了制造业全球价值链位置吗？：基于跨国视阈的比较分析［J］．世界经济研究，2023（9）：46-61+134-135．

［11］李慧娟，蔡伟宏．生产性服务进口对制造业自主创新效率的影响——基于跨国面板数据的实证分析［J］．工业技术经济，2016（5）：124-129．

［12］李平，张静婷，王春晖．生产性服务进口技术复杂度与企业生产率：来自制造业上市公司的微观证据［J］．世界经济研究，2022（2）：104-117+136．

［13］李智，陈浩男，王雪莹．生产性服务进口技术复杂度、贸易补偿与制造业出口竞争力［J］．价格月刊，2024（1）：64-77．

［14］刘继森，林培斌．生产性服务进口对提升制造业生产效率的实证检验［J］．广东外语外贸大学学报，2016（4）：30-38．

［15］鲁成浩，符大海，曹莉．生产性服务发展促进我国制造业升级了吗——基于现代服务业综合试点的政策冲击［J］．南开经济研究，2022（1）：74-90+108．

［16］马鹏，肖宇．服务贸易出口技术复杂度与产业转型升级——基于G20国家面板数据的比较分析［J］．财贸经济，2014（5）：105-114．

［17］莫沙，周晓明．生产性服务贸易进口复杂度对制造业国际竞争力的影响研究——基于跨国面板数据的实证分析［J］．国际商务（对外经济贸易大学学报），2016（6）：16-26．

［18］潘为华，潘红玉，陈亮，等．中国制造业转型升级发展的评价指标体系及综合指数［J］．科学决策，2019（9）：28-48．

［19］邱爱莲，崔日明，逄红梅．生产性服务进口贸易前向溢出效应对中国制造业TFP的影响——基于制造业行业要素密集度差异的角度［J］．国

际商务（对外经济贸易大学学报），2016（6）：41-51.

[20] 唐国锋，李丹. 服务化对制造业转型升级的影响——基于重庆制造行业面板数据的实证分析 [J]. 科技管理研究，2020，40（19）：130-139.

[21] 王欢，黄胜强，何树全. 生产性服务贸易自由化、数字发展水平与制造业出口产品质量 [J]. 产业经济研究，2023（5）：72-86.

[22] 许和连，成丽红，孙天阳. 制造业投入服务化对企业出口国内增加值的提升效应——基于中国制造业微观企业的经验研究 [J]. 中国工业经济，2017（10）：62-80.

[23] 杨玲，徐舒婷. 生产性服务贸易进口技术复杂度与经济增长 [J]. 国际贸易问题，2015（2）：103-112.

[24] 杨晓云，赵小红. 生产性服务业进口技术复杂度与制造业企业创新 [J]. 软科学，2022，36（7）：31-37.

[25] 喻胜华，黄婉莹，赵盼. 生产性服务业开放对制造业创新质量的影响研究——基于中国加入 WTO 的准自然实验 [J]. 财经理论与实践，2022，43（6）：131-139.

[26] 曾繁华，何启祥，冯儒，吴阳芬. 创新驱动制造业转型升级机理及演化路径研究——基于全球价值链治理视角 [J]. 科技进步与对策，2015（24）：45-50.

[27] 赵昌文，许召元. 国际金融危机以来中国企业转型升级的调查研究 [J]. 管理世界，2013（4）：8-16.

[28] 赵春明，刘珊珊，李震. 生产性服务业开放与制造业企业绿色发展 [J]. 当代财经，2024（3）：124-138.

[29] 周昌林，魏建良. 产业结构水平测度模型与实证分析——以上海、深圳、宁波为例 [J]. 上海经济研究，2007（6）：15-21.